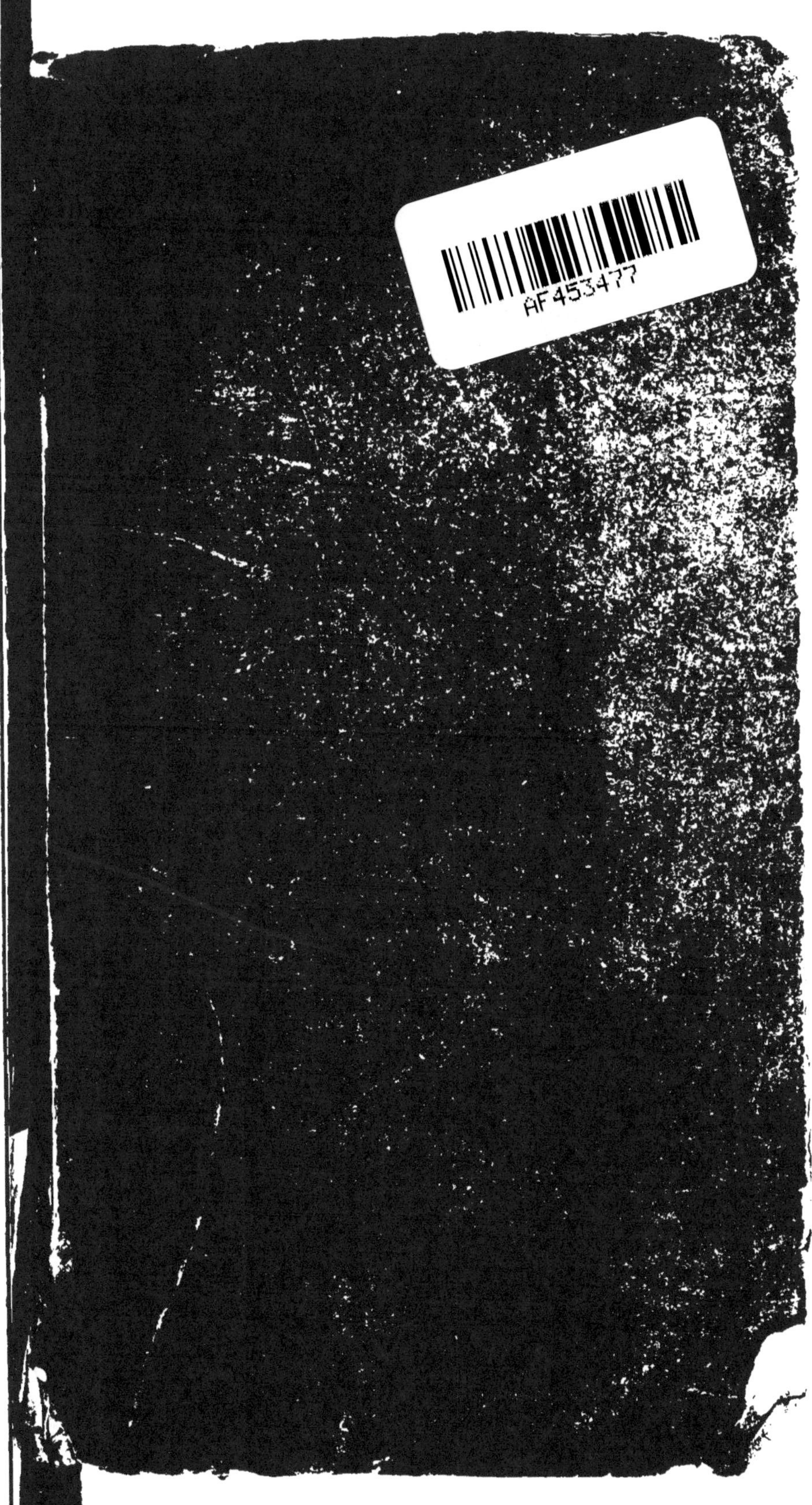
AF453477

L

VICTOIRES

DES

ARMÉES FRANÇAISES.

Imprimerie de Ve H. PERRONNEAU ,
quai des Augustins, n° 39.

LES FRANCAIS !

LES FRANÇAIS MEURENT ET NE SE RENDENT PAS.

VICTOIRES

DES

ARMÉES FRANÇAISES,

OU

RECUEIL HISTORIQUE DES HAUTS FAITS MILITAIRES QUI ONT IMMORTALISÉ LE NOM FRANÇAIS.

La gloire les conduit les lauriers à la main.

(VOLT. *Henriade*, ch. IX.)

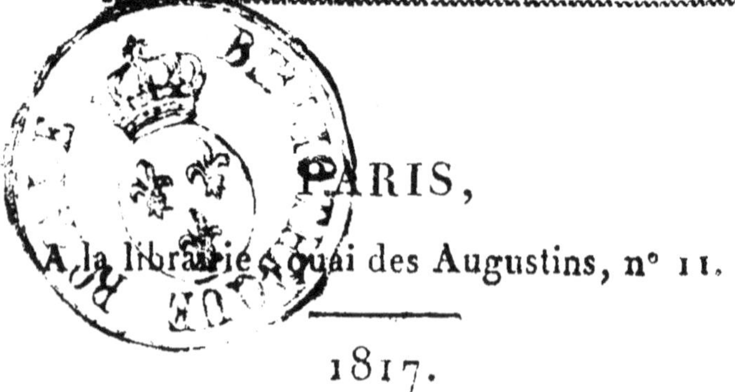

PARIS,

A la librairie, quai des Augustins, n° 11.

1817.

PRÉFACE.

RETRACER les glorieux faits d'armes des héros modernes dont la France s'honore, c'est rappeler les traits qui illustrèrent les Turenne, les Catinat, les Villars, les Fabert, les Vauban, et tant d'autres guerriers dont les noms immortels brillèrent avec tant d'éclat sous le règne de Louis XIV. Si leurs victoires portèrent au plus haut degré le nom français, nos braves militaires ont prouvé à leur tour qu'ils n'ont point dégénéré, et que le courage et la valeur sont innés dans la nation.

Si la victoire, fidèle à nos drapeaux, a parfois trompé la bravoure, aussi grands au milieu des revers que généreux après le combat, on a pu dire des soldats français : « Ils ont été « vaincus, mais ils n'ont point été « avilis. » Et les ennemis eux-mêmes ont été forcés de leur rendre cette justice.

Ah ! que Louis XIV (dont le glorieux règne a été si long-temps une succession non interrompue de victoires) connaissait bien l'esprit des Français, lorsque, seul contre toutes les puissances de l'Europe, il dit au maréchal de Villars, qui prenait congé de lui en partant pour la Flandre :

« Vous voyez où nous en sommes, « vaincre ou périr. Cherchez l'ennemi « et donnez bataille. — Mais Sire, « reprit le maréchal de Villars, c'est « votre dernière armée..... — N'im- « porte, je n'exige pas que vous bat-

« tiez l'ennemi, mais que vous l'atta-
« quiez. Si la bataille est perdue, vous
« me l'écrirez à moi seul. Vous ordon-
« nerez au courrier de ne voir que
« Blouin ; je passerai par Paris, votre
« lettre à la main. Je connais les Fran-
« çais ; je vous mènerai deux cent mille
« hommes, et je m'ensevelirai avec
« eux sous les ruines de la monarchie. »

Puisse l'olivier de la paix fleurir
long-temps en France, et ce vœu ne
peut que s'accomplir sous le règne de
Louis XVIII, de ce monarque chéri
dont la sagesse et les vertus lui ont
acquit l'alliance et le respect des autres
puissances de l'Europe ; mais si jamais
la discorde enchaînée par des liens si
forts, venait à secouer ses brandons et
rappeler le dieu des combats, c'est
alors que, conduits par nos princes et
par ces maréchaux dont l'intrépidité a

tant de fois commandé la victoire, c'est alors que nos soldats, bravant tout danger, illustreraient de nouveau leurs drapeaux, et ajouteraient d'autant plus à leur gloire, qu'ils combattraient alors pour le roi, l'honneur et la patrie.

VICTOIRES

DES

ARMÉES FRANÇAISES.

La gloire les conduit les lauriers à la main.
(VOLT. *Henriade*, ch. IX)

LES victoires de Louis XIV immortalisèrent son nom et son siècle, et sous Louis XV la bataille de Fontenoy prouva que les Français n'avaient pas dégénérés. Avant de passer à celles auxquelles la révolution donna lieu, je vais rapporter les principales victoires des règnes de Louis XIV et de Louis XV. Le lecteur pourra se convaincre que le Français, héritier du courage et de la valeur de ses ancêtres, a dignement marché sur leurs traces, et que les généraux modernes, en déployant au milieu des combats cette bravoure, cette intrépidité, cette tactique militaire qui assurent le succès, ont souvent mérité d'être comparés à ceux du siècle de Louis-le-Grand.

Après la mort de Louis XIII, Anne d'Autriche ayant été obligée de continuer la guerre contre le roi d'Espagne, Philippe IV, son frère, le fort de la guerre étant du côté de la Flandre, les troupes espagnoles sortirent des frontières du Hainaut, au nombre de vingt-six mille hommes, sous la conduite d'un vieux général expérimenté, nommé *Don Francisco de Melos*. Ils vinrent ravager les frontières de la Champagne ; ils attaquèrent Rocroi, et ils crurent pénétrer bientôt jusqu'aux portes de Paris, comme ils avaient fait huit ans auparavant la mort de Louis XIII. La faiblesse d'une minorité relevait leurs espérances, et quand ils virent qu'on ne leur opposait qu'une armée inférieure en nombre, commandée par un jeune homme de vingt ans , leur espérance se changea en sécurité.

Ce jeune homme, qu'ils méprisaient, était Louis de Bourbon , alors duc d'Enghien , connu depuis sous le nom du Grand Condé. Ce prince était né général , et l'art de la guerre semblait en lui un instinct naturel. Le duc d'Enghien avait reçu, avec la nouvelle de la mort de Louis XIII, l'ordre de ne point hasarder de bataille. Le maréchal de L'Hospital , qu'on lui avait donné pour le conseiller et pour le conduire , secondait , par sa circonspection , ces ordres timides. Le prince ne crut ni le maréchal , ni la cour. Il ne confia son dessein qu'à Gassion , maréchal-de-camp , digne d'être consulté par lui ; ils forcèrent le maréchal à trouver la bataille nécessaire.

BATAILLE DE ROCROI,

Gagnée le 19 mai 1643.

Le duc d'Enghien ayant tout réglé le soir, veille de la bataille, s'endormit si profondément qu'il fallut le réveiller pour la donner. Le prince gagna la bataille par lui-même, par un coup d'œil qui voyait à la fois le danger et la ressource, par son activité exempte de trouble qui le portait à propos à tous les endroits. Ce fut lui qui, avec de la cavalerie, attaqua cette infanterie espagnole, jusque-là invincible, aussi forte, aussi serrée que la phalange ancienne si estimée, et qui s'ouvrait avec une agilité que la phalange n'avait pas pour laisser partir la décharge de dix-huit canons qu'elle renfermait au milieu d'elle. Le prince l'entoura et l'attaqua trois fois. A peine victorieux il arrêta le carnage :

les officiers espagnols se jetèrent à ses genoux pour trouver auprès de lui un asile contre la fureur du soldat vainqueur. Le duc d'Enghien eut autant de soin de les épargner qu'il en avait pris pour les vaincre.

Le respect qu'on avait en Europe pour les armées espagnoles, se tourna du côté des armées françaises, qui n'avaient point depuis cent ans gagné de bataille aussi célèbre. Enfin cette journée de Rocroi devint l'époque de la gloire française et de celle de Condé. Je ne parlerai point des premières campagnes de Louis XIV, telles que la conquête de la Flandre, de la Franche-Comté et de la Hollande. Mon intention n'étant pas de rapporter toutes les glorieuses victoires remportées par ce monarque, mais bien celles qui, en illustrant ses armes, assurèrent à ses généraux un partage dans ses succès.

Parmi les généraux célèbres qui commandaient alors les armées françaises,

Turenne fut un de ceux qui déploya, ainsi que le grand Condé, ce que l'art de la guerre a de plus grand et de plus consommé. Tandis que Louis XIV prenait rapidement la Franche-Comté, Turenne était chargé de défendre les frontières du côté du Rhin, menacées par les troupes de l'empereur : il passe ce fleuve à Philipsbourg, marche toute la nuit à Sintzheim, force cette ville, et en même temps il attaque et met en fuite Caprara, général de l'empereur, et le vieux duc de Lorraine, Charles IV. Après l'avoir battu, Turenne le poursuit et bat encore sa cavalerie à Ladimbourg ; de là il court à un autre général des Impériaux, le prince de *Bournonville*, qui n'attendait que de nouvelles troupes pour s'ouvrir le chemin de l'Alsace. Il prévient la jonction de ces troupes, l'attaque et lui fait quitter le champ de bataille. L'empire rassemble contre lui toutes ses forces. Soixante et dix mille Allemands sont dans l'Alsace.

Brisac et Philipsbourg étaient bloqués par eux. Turenne n'avait plus que vingt mille hommes effectifs tout au plus : le prince de Condé lui envoya de Flandre quelque secours de cavalerie. Alors il traverse par Fanne et par Bedfort des montagnes couvertes de neige ; il se trouve tout d'un coup dans la Haute-Alsace au milieu des quartiers des ennemis, qui le croyaient en repos en Lorraine, et qui pensaient que la campagne était finie. Il bat à Mulhausen les quartiers qui résistent, et il en fait deux prisonniers ; il marche à Colmar où l'électeur de Brandebourg, alors général des armées de l'Empire, avait son quartier ; il arrive dans le temps que ce prince et les autres généraux allaient se mettre à table ; ils n'eurent que le temps de s'échapper, la campagne était couverte de fuyards.

Turenne croyant n'avoir rien fait tant qu'il restait quelque chose à faire, attend encore auprès de Turckheim une partie de l'infanterie ennemie. L'avantage

du poste qu'il avait choisi rendait sa victoire sûre ; il défait cette infanterie. Enfin
une armée de soixante et dix mille hommes
se trouve vaincue et dispersée presque
sans grand combat. L'Alsace reste à
la France, et les généraux de l'Empire
sont obligés de repasser le Rhin.

Toutes ces actions consécutives con-
duites avec tant d'art, si patiemment ré-
fléchies, exécutées avec tant de promptitude, furent également admirées des Français et des ennemis. La gloire de Turenne
reçut un nouvel accroissement quand on
sut que tout ce qu'il avait fait dans cette
campagne il l'avait fait malgré la cour,
malgré les ordres réitérés de Louvois, donnés au nom du roi.

Turenne, en Allemagne, avec une pe-
tite armée, continua des progrès qui
étaient le fruit de son génie. Le conseil
de Vienne n'osant plus confier la fortune
de l'Empire à des princes qui l'avaient
mal défendu, remit à la tête de ses ar-

mées le général Montécuculi. Ce général était seul digne d'être opposé à Turenne. Tous deux avaient réduit la guerre en art. Ils passèrent quatre mois à se suivre, à s'observer dans des marches et dans des campemens plus estimés que des victoires par les officiers allemands et français : l'un et l'autre jugeait de ce que son adversaire allait tenter par les démarches que lui-même eût voulu faire à sa place, et ils ne se trompèrent jamais. Ils opposaient l'un et l'autre la patience, la ruse et l'activité. Enfin ils étaient prêts d'en venir aux mains, et de commettre leur réputation au sort d'une bataille auprès du village de Salzbach, lorsque Turenne, en allant choisir une place pour dresser une batterie, fut tué d'un coup de canon. La France fit en lui une perte aussi grande que celle que nous fîmes de nos jours des généraux Desaix, Moreau et Montebello, généraux à qui nos armes durent si souvent la victoire et de brillans succès.

2.

Après la mort de Turenne et la retraite du prince de Condé, qui cessa de paraître à la guerre, Louis XIV n'en continua pas moins ses exploits avec avantage contre l'Empire, l'Espagne et la Hollande. Il avait des officiers formés par ces deux grands hommes ; les troupes, long-temps victorieuses étaient animées du même esprit qu'excitait encore la présence du monarque. Il prit en personne, dans le cours de cette guerre, en 1676, Condé, Bouchain, Valenciennes et Cambrai. Je ne puis passer sous silence la prise de Valenciennes, qui fut due au conseil de Vauban, dont le nom seul est un éloge, et sera éternel dans les fastes militaires. Le roi faisait le siége de cette ville, ayant avec lui son frère et cinq maréchaux de France, d'Humières, Scomberg, la Feuillade, Luxembourg et de Lorges. Les maréchaux commandaient chacun leur jour l'un après l'autre. Vauban dirigeait toutes les opérations : on n'avait pris encore aucun des dehors de la place ; il fallait attaquer d'abord deux demi-lunes ; derrière ces demi-lunes était un grand ouvrage couronné, palissadé et fraisé, entouré d'un fossé coupé de plusieurs traverses. Dans cet ouvrage couronné était encore un autre ouvrage entouré d'un autre fossé. Il fallait, après s'être rendu maître de tous ces retranchemens, franchir un bras de l'Escaut : ce bras franchi, on trouvait encore un autre ouvrage qu'on nomme *pâté* : derrière ce pâté coulait le grand cours de l'Escaut, profond et rapide, qui sert de fossé à la muraille ; enfin, la muraille était soutenue par de larges remparts. Tous ces ouvrages étaient couverts de canons ; une garnison de trois mille hommes préparait une longue résistance. Le roi tint conseil de guerre pour attaquer les ouvrages du dehors. C'était l'usage que ces attaques se fissent toujours pendant la nuit, afin de marcher aux ennemis sans être aperçu et d'épargner le sang du

soldat. Vauban proposa de faire l'attaque
en plein jour : tous les maréchaux de
France se récrièrent contre cette proposition. Louvois la condamna. Vauban tint
ferme avec la confiance d'un homme certain de ce qu'il avance. « Vous voulez,
dit-il, ménager le sang du soldat ; vous
l'épargnerez bien davantage quand il com-
battra de jour sans confusion et sans
tumulte, sans craindre qu'une partie de
nos gens tire sur l'autre, comme il n'arrive que trop souvent. Il s'agit de surprendre l'ennemi, il s'attend toujours aux
attaques de nuit : nous le surprendrons en
effet lorsqu'il faudra, qu'épuisé des fatigues d'une veille, il soutienne les efforts
de nos troupes fraîches. Ajoutez à cette
raison que, s'il y a dans cette armée des
soldats de peu de courage, la nuit favorise
leur timidité ; mais que, pendant le jour,
l'œil du chef inspire la valeur et élève les
hommes au-dessus d'eux-mêmes. »

Le roi se rendit aux raisons de Vauban.

malgré Louvois et cinq maréchaux de France.

Le 17 mars 1677, à neuf heures du matin, les deux compagnies de mousquetaires, une centaine de grenadiers, un bataillon des gardes, un du régiment de Picardie, montent de tous côtés sur ce grand ouvrage à couronne. L'ordre était simplement de s'y loger, et c'était beaucoup ; mais quelques mousquetaires noirs ayant pénétré par un petit sentier jusqu'au retranchement intérieur qui était dans cette fortification, ils s'en rendent d'abord les maîtres. Dans le même temps, les mousquetaires gris y abordent par un autre endroit. Les bataillons des gardes les suivent ; on tue et on poursuit les assiégés. Les mousquetaires baissent le pont-levis qui joint cet ouvrage aux autres, ils suivent l'ennemi de retranchement en retranchement sur le petit bras de l'Escaut et sur le grand. Les gardes s'avancent en foule ; les mousquetaires sont déjà dans la ville avant que le roi sache que le premier ouvrage attaqué est emporté.

Ce n'était pas ce qu'il y eut de plus étrange dans cette action. Il était vraisemblable que de jeunes mousquetaires, emportés par l'ardeur du succès, se jeteraient aveuglément sur les troupes et sur les bourgeois qui venaient à eux dans la rue, qu'ils y périraient ou que la ville allait être pillée ; mais ces jeunes gens, conduits par un cornette nommé Moissac, se mirent en bataille derrière des charettes ; et tandis que les troupes qui venaient se formaient sans précipitation, d'autres mousquetaires s'emparaient des maisons voisines pour protéger par leur feu ceux qui étaient dans la rue. On donnait des otages de part et d'autre : le conseil de ville s'assemblait ; on députait vers le roi ; tout cela se faisait sans confusion, sans faire de faute d'aucune espèce.

Le roi fit la garnison prisonnière de guerre et entra dans Valenciennes, étonné d'en être le maître. Il eut encore la gloire de prendre Gand en quatre jours, et Ypres en sept. Ses succès furent encore plus grands par ses généraux.

BATAILLE DE STEINKERK,

Livrée le 3 août 1692.

Après la prise de Namur, en juin 1692, Louis étant retourné à Versailles, laissa le maréchal de Luxembourg pour tenir tête à toutes les forces des ennemis. Ce fut alors que se donna la bataille de Steinkerk, célèbre par la ruse et la valeur. Un espion que le général français avait auprès du roi Guillaume, est découvert; on le force, avant de le faire mourir, d'écrire un faux avis au maréchal de Luxembourg. Sur ce faux avis, Luxembourg prend avec raison des mesures qui devaient le faire battre : son armée endormie est attaquée à la pointe du jour ; une brigade est déjà mise en fuite, et le général le sait à peine ; sans un excès de diligence et de bravoure tout était perdu.

Ce n'était point assez d'être grand général pour n'être pas mis en déroute, il fallait avoir des troupes aguerries capables de se rallier, des officiers-généraux assez habiles pour rétablir le désordre, et qui eussent la bonne volonté de le faire. Luxembourg était malade ; circonstance funeste dans un moment qui demande une activité nouvelle. Le danger lui rendit ses forces ; il fallait des prodiges pour n'être pas vaincu, et il en fit. Changer de terrein, donner un champ de bataille à son armée qui n'en avait point, rétablir la droite toute en désordre, rallier trois fois ses troupes, charger trois fois à la tête de la maison du roi, fut l'ouvrage de moins de deux heures. Le duc de Chartres, qui fut depuis régent du royaume, un petit-fils et un petit-neveu du grand

Condé, tous deux lieutenans-généraux, servaient dans notre armée. L'un était Louis de Bourbon, nommé monsieur le duc ; l'autre, François-Louis, prince de Conti, tous rivaux de courage, d'esprit, d'ambition de réputation.

Le prince de Conti fut le premier qui rétablit le désordre, ralliant des brigades, en faisant avancer d'autres ; monsieur le duc faisait la même manœuvre sans avoir besoin d'émulation ; le duc de Vendôme, petit-fils de Henri IV, était aussi lieutenant-général dans cette armée. Il fallut que tous ces princes se missent à la tête de la maison du roi avec le duc de Choiseul, pour chasser un corps d'Anglais qui gardait un poste avantageux, dont le succès de la bataille dépendait. La maison du roi et les Anglais étaient les meilleures troupes qui fussent dans le monde. Le carnage fut grand ; les Français, encouragés par cette foule de princes et de jeunes seigneurs qui combattaient autour du général, l'emportèrent enfin. Le régiment de Champagne défit les gardes anglaises du roi Guillaume; et quand les Anglais furent vaincus, il fallut que le reste cédât. Boufflers, depuis maréchal de France, accourait dans ce moment même de quelques lieues du champ de bataille avec des dragons, et acheva la victoire. Le roi Guillaume, ayant perdu environ sept mille hommes se retira avec autant d'ordre qu'il avait attaqué; et toujours vaincu, mais toujours à craindre, il tint encore la campagne. La victoire, due à la valeur de tous ces jeunes princes et de la plus florissante noblesse du royaume, fit à la cour, à Paris et dans les provinces, un effet qu'aucune bataille gagnée n'avait fait encore. Le général, en rendant compte au roi de cette bataille mémorable, ne daigna pas seulement l'instruire qu'il était malade quand il fut attaqué.

BATAILLE DE NERVINDE.

Le même général , avec les mêmes princes et les mêmes troupes, surprises et victorieuses à Steinkerk, alla surprendre , la campagne suivante, le roi Guillaume par une marche de sept lieues, et l'atteignit à Nervinde. Nervinde est un village près de la Guette , à quelques lieues de Bruxelles. Guillaume eut le temps de se retrancher pendant la nuit et de se mettre en bataille. On l'attaque à la pointe du jour. En faisant les plus grands efforts pour se défendre , il fut renversé lui-même sous son cheval tué. Il se releva et continua le combat avec la plus grande opiniâtreté. Luxembourg entra deux fois l'épée à la main dans le village de Nervinde. Le duc de Villeroi fut le premier qui sauta dans les retranchemens des ennemis ; deux fois le village fut emporté et repris.

Ce fut encore à Nervinde que le duc de Chartres se montra digne petit-fils de Henri IV : il chargea pour la troisième fois à la tête d'un escadron. Cette troupe étant repoussée, il se trouva dans un terrein creux, environné de tous côtés d'hommes et de chevaux tués ou blessés. Un escadron ennemi s'avance à lui, lui crie de se rendre : on le saisit ; il se défend seul ; blesse l'officier qui le tenait prisonnier ; il s'en débarrasse. On revole à lui dans le moment, et on le dégage. Le prince de Condé, qu'on nommait monsieur le duc, le prince de Conti, son émule, qui s'étaient tant signalés à Steinkerk, combattaient de même à Nervinde pour leur vie, pour leur gloire, et tuèrent des ennemis de leur propre main. Enfin, le maréchal de Luxembourg se signala et s'exposa plus que jamais. Son fils, le duc de Montmo-rency, se mit au devant de lui lorsqu'on le tirait, et reçut le coup porté à son père. Le général et les princes ayant repris le village une troisième fois, la victoire fut gagnée.

Peu de journées furent plus meurtrières. Il y eut environ vingt mille morts, douze mille du côté des alliés, et huit mille de celui des Français.

***

BATAILLE DE DÉNAIN.

Dans cette bataille, livrée le 24 juin 1712, le maréchal de Villars donna le change au prince Eugène. Un corps de dragons s'avança à la vue du camp ennemi comme si on se préparait à l'attaquer; et tandis que ces dragons se retirent ensuite vers Guise, le maréchal marcha à Dénain avec son armée sur cinq colonnes. On force les retranchemens du général Albermale, défendus par dix-sept bataillons; tout est tué ou pris. Le général se rend prisonnier avec deux princes de Nassau, un prince de Holstein, un prince d'Anhalt et tous les officiers. Le prince Eugène arrive à la hâte, mais à la fin de l'action. Avec ce qu'il peut amener de troupes, il veut attaquer un pont dont les Français étaient maîtres : il y perd du monde et retourne à son camp après avoir été témoin de cette défaite. Tous les postes vers Marchiennes, le long de la Scarpe, sont emportés l'un après l'autre avec rapidité. On pousse à Marchiennes, défendue par quatre mille hommes : on en presse le siège avec tant de vivacité, qu'au bout de trois jours on les fait prisonniers, et qu'on se rend maître de toutes les munitions de guerre et de bouche, amassées par les ennemis pour la campagne. Alors, toute la supériorité fut du côté du maréchal de Villars. L'ennemi déconcerté lève le siége de Landrecy, et voit reprendre Douai, le Quesnoy, Bouchain. Les frontières sont en sûreté. L'armée du prince Eugène se retire, diminuée de près de cinquante bataillons, dont quarante furent pris depuis le combat de Denain jusqu'à la fin de la campagne.

La victoire la plus signalée n'aurait pas
produit de plus grands avantages; car
chaque progrès du maréchal de Villars
hâta la paix d'Utrech, qui fut signée dans
le cours de l'année 1713.

Cette victoire de Dénain fut d'autant
plus glorieuse que les armées françaises se
trouvaient alors bien inférieures à celles
du prince Eugène, qui faisait le siége de
Landrecy. La France, alors épuisée d'hommes et d'argent, était dans la consternation;
et l'alarme était à Versailles comme dans
le reste du royaume. Landrecy ne pouvait
pas tenir long-temps, et il fut agité à
Versailles si le Roi se retirerait à Cham-
bord. Ce fut dans cette occasion que
Louis XIV, montrant ce caractère de
fermeté qui lui était propre, dit au maréchal d'Harcourt, qu'en cas d'un nouveau
malheur, il convoquerait toute la noblesse
de son royaume, qu'il la conduirait à
l'ennemi, malgré son âge de soixante-
quatorze ans, et qu'il périrait à sa téte.

Le maréchal de Villars sauva la France ; mais on avouait à peine les obligations qu'on lui avait alors ; et dans la joie publique d'un succès inespéré, l'envie prédominait encore, et voulait lui ravir sa gloire. Tels étaient alors les sentimens d'une foule de courtisans, qui, loin d'applaudir aux succès d'un vaillant général, mettaient au contraire tous leurs soins à en diminuer l'importance, oubliant, dans leur ingratitude, que sans lui la France était à deux doigts de sa perte.

Après avoir cité quelques-unes des batailles qui signalèrent le glorieux règne de Louis XIV, je vais rapporter celle de Fontenoy, l'une des plus célèbres du règne de Louis XV. Ce fut surtout dans cette bataille que l'armée française montra cette intrépidité, cette bravoure qui distingue notre nation, et prouva que quels que soient les obstacles, le Français les affronte lorsqu'il combat pour son roi et sa patrie.

BATAILLE DE FONTENOY.

Le maréchal de Saxe était déjà en Flandre, à la tête de l'armée, composée de cent six bataillons complets, et de cent soixante-douze escadrons. Déjà Tournay, cette ancienne capitale de la domination française, était investi. C'était la plus forte place de la barrière. La ville et la citadelle étaient encore un des chefs-d'œuvre du maréchal de Vauban ; car il n'y avait guères de places en Flandre dont Louis XIV n'eut fait construire les fortifications.

Dès que les états-généraux des sept provinces apprirent que Tournay était en danger, ils mandèrent qu'il fallait hasarder une bataille pour secourir la ville. Ces républicains, malgré leur circonspection, furent alors les premiers à prendre des résolutions hardies. Au 5 mai 1745, les alliés avancèrent à Cambron, à sept lieues de Tournay. Le roi partit le 6 de Paris avec le dauphin, les aides-de-camp du roi : les ménins du dauphin les accompagnaient. La principale force de l'armée ennemie consistait en vingt bataillons et vingt-six escadrons anglais sous le jeune duc de Cumberland, qui avait gagné, avec le roi son père, la bataille de Dettingue. Cinq bataillons et seize bataillons hanovriens étaient joints aux Anglais. Le prince Valdeck, à peu près de l'âge du duc de Cumberland, impatient de se signaler, était à la tête de quarante escadrons hollandais, et de vingt-six bataillons. Les Autrichiens n'avaient dans cette armée que huit escadrons. On faisait la guerre pour eux dans la Flandre, qui a été si long-temps défendue par les armes et par l'argent de l'Angleterre et de la Hollande ; mais à la tête de ce petit nombre d'Autrichiens était le vieux général Kœnigseck, qui avait commandé contre les Turcs en Hongrie, et contre les Français en Italie et en Allemagne ; ses conseils devaient aider l'ardeur du duc de Cumberland et du prince de Valdeck. On comptait dans leur armée au delà de cinquante-cinq mille combattans. Le roi laissa devant Tournay environ dix-huit mille hommes, qui étaient postés en échelle jusqu'au champ de bataille; six mille pour garder les ponts sur l'Escaut et les communications.

L'armée était sous les ordres d'un général en qui on avait la plus juste confiance. Le comte de Saxe avait déjà mérité sa grande réputation par de savantes retraites en Allemagne, et par sa campagne de 1744. Il joignait une théorie profonde à la pratique : la vigilance, le secret, l'art de savoir différer à propos un projet, et celui de l'exécuter rapidement ; le coup d'œil, les ressources, la prévoyance, étaient ses talens, de l'aveu de tous les officiers. Mais alors ce général, consumé d'une maladie de langueur, était presque mourant; il était parti de Paris, très-malade, pour l'armée.

Le roi étant arrivé le 6 à Douai, se rendit le lendemain à Pontachin auprès de Lescaut, à portée des tranchées de Tournai : de la il alla reconnaître le terrain qui devait servir de champ de bataille. Toute l'armée, en voyant le roi et le dauphin, fit entendre des acclamations de joie. Les alliés passèrent le 10 et la nuit du 11 à faire leurs dernières dispositions. Jamais le roi ne marqua plus de gaité que la veille du combat : la conversation roula sur les batailles où les rois s'étaient trouvés en personne. Le roi dit que depuis la bataille de Poitiers, aucun roi de France n'avait combattu avec son fils, et qu'aucun n'avait gagné de victoire signalée contre les Anglais, qu'il espérait être le premier. Il fut éveillé le premier le jour de l'action; il éveilla lui-même, à quatre heures, le le comte d'Argenson, ministre de la

guerre, qui dans l'instant envoya demander au maréchal de Saxe, ses derniers
ordres. On trouva le maréchal dans une
voiture d'osier qui lui servait de lit, et
dans laquelle il se faisait traîner quand
ses forces épuisées ne lui permettaient
plus d'être à cheval. Le roi et son fils
avaient déjà passé un pont sur l'Escaut,
à Calonne : ils allèrent prendre leur poste
par delà la Justice de Notre-Dame-aux-
Bois, à mille toises de ce pont, et préci-
sément à l'entrée du champ de bataille.

Je vais présenter ici la disposition des
deux armées. Antoin, assez près de l'Escaut, était à la droite de l'armée française,
à neuf cents toises de ce pont de Calonne
par où le roi et le dauphin s'étaient avancés. Le village de Fontenoi par delà
Antoin, presque sur la même ligne ; un
espace étroit de quatre cent cinquante toises
de large, entre Fontenoi et un petit bois
qu'on appelle *le bois de Barri*. Ce bois,
ces villages, étaient garnis de canons

comme un camp retranché. Le maréchal de Saxe avait établi des redoutes entre Antoin et Fontenoi. D'autres redoutes aux extrémités du bois de Barri fortifiaient cette enceinte. Le champ de bataille n'avait pas plus de cinq cents toises de longueur, depuis l'endroit où était le roi, auprès de Fontenoi jusqu'à ce bois de Barri, et n'avait guères plus de neuf cents toises de large ; de sorte que l'on allait combattre en champ clos comme à Dettingue, mais dans une journée plus mémorable.

Le général de l'armée française avait pourvu à la victoire et à la défaite. Le pont de Calonne, muni de canons, fortifié de retranchemens et défendu par quelques bataillons, devait servir de retraite au roi et au dauphin en cas de malheur. Le reste de l'armée aurait défilé alors par d'autres ponts sur le bas Escaut, par delà Tournai.

On prit toutes les mesures qui se prêtaient un secours mutuel sans qu'elles pussent se traverser. L'armée de France semblait inabordable, car le feu croisé qui partait des redoutes du bois de Barri et du village de Fontenoi, défendait tout approche. Outre ces précautions, on avait encore placé six canons de seize livres de balle au delà de l'Escaut, pour foudroyer les troupes qui attaqueraient le village d'Antoin.

On commençait à se canonner de part et d'autre à six heures du matin. Le maréchal de Noailles était alors auprès de Fontenoi, et rendait compte au maréchal de Saxe d'un ouvrage qu'il avait fait à l'entrée de la nuit pour joindre le village de Fontenoi à la première des trois redoutes, entre Fontenoi et Antoin. Il lui servit de premier aide-de-camp, sacrifiant la jalousie du commandement au bien de l'état ; et s'oubliant soi – même pour un général étranger et moins ancien. Le maréchal de Saxe sentait tout le prix de cette magnanimité, et jamais on ne vit une union si grande entre deux hommes que la faiblesse ordinaire du cœur humain pouvait éloigner l'un de l'autre.

Le maréchal de Noailles embrassait le duc de Grammont, son neveu, et ils se séparaient, l'un pour retourner auprès du roi, l'autre pour aller à son poste, lorsqu'un boulet de canon vint frapper le duc de Grammont à mort : il fut la première victime de cette journée. Les Anglais attaquèrent trois fois Fontenoi, et les Hollandais se présentèrent à deux reprises devant Antoin. A leur seconde attaque on vit un escadron hollandais emporté presque tout entier par le canon d'Antoin ; il n'en resta que quinze hommes, et les Hollandais ne se présentèrent plus dès ce moment.

Alors le duc de Cumberland prit une résolution qui pouvait lui assurer le succès de cette journée. Il ordonna à un major-général nommé Ingolsbi d'entrer dans le bois de Barri, de pénétrer jusqu'à la redoute de ces bois vis-à-vis Fontenoi, et de l'emporter. Ingolsbi marche avec les meilleures troupes pour exécuter cet ordre : il trouve dans le bois de Barri un bataillon d'un régiment de partisans ; c'est ce que l'on appelait les Grassins, du nom de celui qui les avait formés. Ces soldats étaient en avant dans le bois par delà la redoute, couchés par terre ; Ingolsbi crut que c'était un corps considérable. Il retourne auprès du duc de Cumberland, et demande du canon ; le temps se perdait, le prince était au désespoir d'une désobéissance qui dérangeait toutes ses mesures, et qu'il fit ensuite punir à Londres par un conseil de guerre, qu'on appelle cour martiale.

Il se détermina sur-le-champ à passer entre cette redoute et Fontenoi. Le terrain était escarpé ; il fallait franchir un ravin profond ; il fallait essuyer tout le feu de Fontenoi et de la redoute. L'entreprise était audacieuse ; mais il était reduit alors ou à ne point combattre ou à tenter ce passage.

Les Anglais et les Hanovriens s'avancent avec lui sans presque déranger leurs rangs, traînant leurs canons à bras par les sentiers; il les forme sur trois lignes assez pressées, et de quatre de hauteur, chacun avançant entre les batteries de canon qui les flanquaient dans un terrain d'environ quatre cent toises de large. Des rangs entiers tombent morts à droite et à gauche; ils étaient remplacés aussitôt, et les canons qu'ils amenaient à bras vis-à-vis Fontenoi et devant les redoutes, répondaient à l'artillerie française. En cet état ils marchaient fièrement précédés de six pièces d'artillerie, et en ayant encore six autres au milieu de lignes. Vis-à-vis d'eux se trouvaient quatre bataillons de gardes françaises, ayant deux bataillons de gardes suisses à gauche; le régiment de Courten à leur droite, ensuite celui d'Auberterre, et plus loin le régiment du roi qui bordait Fontenoi le long d'un chemin creu. Le terrain s'élevait à l'en-

droit où étaient les gardes françaises jusqu'à celui où les Anglais se formaient.

Les officiers des gardes françaises se
dirent alors les uns aux autres : il faut aller
prendre le canon des Anglais. Ils y mon-
tèrent rapidement avec leurs grenadiers ;
mais ils furent bien étonnés de trouver
une armée devant eux. L'artillerie et la
mousquetterie en coucha par terre près
de soixante, et le reste fut obligé de revenir dans ses rangs.

Cependant les Anglais avançaient ; et
cette ligne d'infanterie composée des
gardes françaises et suisses et de Courten,
ayant encore sur leur droite Aubeterre,
s'approchait de l'ennemi. On était à cinquante pas de distance ; un régiment des
gardes anglaises, celui de Cambel, et le royal
écossais étaient les premiers ; M. de
Cambel était leur lieutenant-général ; le
comte d'Albermale, leur général-major,
et M. de Churchil, petit-fils naturel du

grand duc de Marlborough, leur brigadier. Les officiers anglais saluèrent les
Français en ôtant leurs chapeaux : le comte
de Chabannes, le duc de Biron qui s'étaient
avancés, et tous les officiers des gardes
françaises leur rendirent le salut. Mylord
Charles Hai, capitaine aux gardes anglaises
cria : *Messieurs des gardes françaises,
tirez.*

Le comte d'Auteroche alors lieutenant
des grenadiers, et depuis capitaine, leur
dit à voix haute : *Messieurs nous ne tirons
jamais les premiers, tirez vous-mêmes.*
Les anglais firent un feu roulant, c'est-à-
dire qu'ils tiraient par divisions, de sorte
qu'un bataillon sur quatre hommes de
hauteur ayant tiré, un autre bataillon
faisait sa décharge, et ensuite un troisième,
tandis que les premiers rechargeaient. La
ligne d'infanterie française ne tira point
ainsi ; elle était seule sur quatre de hauteur, les rangs assez éloignés, et n'étant
soutenue par aucune autre troupe d'in-

fanterie : dix-neuf officiers des gardes tombèrent blessés à cette seule charge. MM. de Clisson, de Langey, de la Peyre y perdirent la vie; quatre-vingt-quinze soldats demeurèrent sur la place; deux cent quatre-vingt-cinq y reçurent des blessures; onze officiers suisses tombèrent blessés, ainsi que deux cent neuf de leurs soldats, parmi lesquels soixante-quatre furent tués. Le colonel de Courten, son lieutenant colonel, quatre officiers, soixante et quinze soldats tombèrent morts : quatorze officiers et deux cents soldats blessés dangereusement. Le premier rang ainsi emporté, les trois autres regardèrent derrière eux, et ne voyant qu'une cavalerie à plus de trois cents toises, ils se dispersèrent. Le duc de Grammont, leur colonel et premier lieutenant-général qui aurait pu les faire soutenir, était tué. M. de Luttaux, second lieutenant-général, n'arriva que dans leur déroute. Les Anglais avançaient à pas lents comme faisant l'exer-

cice; on voyait les majors appuyer leurs
cannes sur les fusils des soldats pour les
faire tirer bas et droit : ils débordèrent
Fontenoi et la redoute. Ce corps qui auparavant était en trois divisions, se pres-
sant par la nature du terrain, devint une
colonne longue et épaisse presque inébran-
lable par sa masse, et plus encore par son
courage : elle s'avança vers le régiment
d'Aubeterre. M. de Luttaux, premier
lieutenant-général de l'armée, à la nouvelle de ce danger, accourut de Fontenoi
où il venait d'être blessé dangereusement ;
son aide-de-camp le suppliait de com-
mencer par faire mettre le premier appa-
reil à sa blessure : *Le service du roi*, lui répondit M. de Luttaux, *m'est plus cher que
ma vie*; il s'avança avec le duc de Biron,
à la tête du régiment d'Aubeterre, que
conduisait son colonel de ce nom. Luttaux
reçoit en arrivant des coups mortels ; le
duc de Biron a un cheval tué sous lui ; le
régiment d'Aubeterre perd beaucoup de

soldats et d'officiers; le duc de Biron ar-
rête alors avec le régiment du roi qu'il
commandait la marche de la colonne par
son flanc gauche; un bataillon des gardes
anglaises se détache, avance quelques pas
à lui, fait une décharge très-meurtrière,
et revient au petit pas se replacer à la tête
de la colonne qui avance toujours lente-
ment sans jamais se déranger, repoussant
tous les régimens qui viennent l'un après
l'autre se présenter devant elle.

Ce corps gagnait du terrain, toujours
serré, toujours ferme. Le maréchal de
Saxe, qui voyait de sang-froid combien
l'affaire était périlleuse, fit dire au roi,
par le marquis de Meuze, qu'il le conju-
rait de repasser le pont avec le dauphin;
qu'il ferait ce qu'il pourrait pour remédier au désordre. « Oh ! je suis bien sûr
qu'il fera ce qu'il faudra, répondit le roi,
mais je resterai où je suis. »

Il y avait de l'étonnement et de la confusion dans l'armée depuis le moment de

la déroute des gardes françaises et suisses. Le maréchal de Saxe veut que la cavalerie fonde sur la colonne anglaise. Le comte d'Etrée y court; mais les efforts de cette cavalerie étaient peu de chose contre une masse d'infanterie si réunie, si disciplinée et si intrépide, dont le feu toujours roulant et soutenu écartait nécessairement des petits corps séparés. On sait d'ailleurs que la cavalerie ne peut guères entamer seule une infanterie serrée. Le maréchal de Saxe était au milieu de ce feu. Sa maladie ne lui laissait pas la force de porter une cuirasse; il portait une espèce de bouclier de plusieurs doubles de taffetas piqué qui reposait sur l'arçon de sa selle. Il jeta son bouclier, et courut faire avancer la seconde ligne de cavalerie contre la colonne.

Tout l'état-major était en mouvement. M. de Vaudreuil, major général de l'armée, allait de la droite à la gauche; M. de Puységur, MM. de Saint-Sauveur, de Saint-George, de Mézières, aides-maréchaux-des-logis, sont tous blessés. Le comte de Longaunai, aide-major-général, est tué. Ce fut dans ces attaques que le chevalier d'Aché, lieutenant-général, eut le pied fracassé. Il vint ensuite rendre compte au roi, et lui parla long-temps sans donner le moindre signe des douleurs qu'il ressentait jusqu'à ce qu'enfin il tomba évanoui.

Plus la colonne anglaise avançait, plus elle devenait profonde et en état de réparer les pertes continuelles que lui causaient tant d'attaques réitérées. Elle marchait toujours serrée au travers des morts et des blessés des deux partis, et paraissait former un seul corps d'environ quatorze mille hommes. Un très-grand nombre de cavaliers furent poussés en désordre jusqu'à l'endroit où était le roi avec son fils. Ces deux princes furent séparés par la foule des fuyards qui se précipitaient entre eux. Pendant ce désordre les hui-

gades des gardes du-corps, qui étaient en
réserve, s'avancèrent d'elles-mêmes aux
ennemis. Les chevaliers de Suzi et de Sau-
meri y furent blessés à mort. Quatre escadrons de gendarmerie arrivaient presque
en ce moment de Douai, et malgré la fa-
tigue d'une marche de sept lieues, ils
coururent aux ennemis. Tous ces corps
furent reçus comme les autres avec cette
même intrépidité, et ce même feu roulant; le jeune comte de Chevrier Guidon
fut tué, c'était le jour même qu'il avait
été reçu à sa troupe. Le chevalier de
Monaco, fils du duc de Valentinois, y
eut la jambe percée. M. du Guesclin reçut
une blessure dangereuse. Les carabiniers
donnèrent; ils eurent six officiers renversés
morts et vingt-un blessés.

Le maréchal de Saxe, dans le dernier
épuisement, était toujours à cheval, se pro-
menant au pas au milieu du feu; il passa
sous le front de la colonne anglaise pour
voir tout de ses yeux. Auprès du bois de

Barri, vers la gauche, on y faisait les mêmes manœuvres qu'à la droite. On tâchait en vain d'ébranler cette colonne. Les régimens se présentaient les uns après les autres, et la masse anglaise faisant face de tout côté, plaçant à propos son canon, et tirant toujours par division, nourissait ce feu continu quand elle était attaquée; et après l'attaque, elle restait immobile et ne tirait plus. Quelques régimens d'infanterie vinrent encore affronter cette colonne par les ordres seuls de leurs commandans. Le maréchal de Saxe en vit un dont les rangs entiers tombaient et qui ne se dérangeait pas : on lui dit que c'était le régiment des Vaisseaux, que commandait M. de Guerchi. *Comment se peut-il faire*, s'écria-t-il, *que de telles troupes ne soient pas victorieuses?* Hainault ne souffrait pas moins. Il avait pour colonel le fils du prince de Craon, gouverneur de Toscane. Le père servait le grand duc, les enfans servaient le roi de France. Ce

jeune homme, d'une très-grande espérance, fut tué à la tête de sa troupe,
son lieutenant-colonel blessé à mort auprès de lui. Norman lie avança, il eut
autant d'officiers et de soldats hors de
combat que celui de Hainault. Il était mené
par son lieutenant-colonel, M. de So-
lenci, dont le roi loua la bravoure sur
le champ de bataille, et qu'il récompensa
ensuite en le faisant brigadier. Des bataillons irlandais coururent au flanc de cette
colonne. Le colonel Dillon tombe mort.
Ainsi aucun corps, aucune attaque n'a-
vait pu entammer la colonne, parce que
rien ne s'était fait de concert et à la fois.

Le maréchal de Saxe repasse par le
front de la colonne qui s'était déjà avancée
de plus de trois cents pas au delà de la
redoute d'Eu et de Fontenoi. Il va voir
si Fontenoi tenait encore; or n'y avait
plus de boulet; on ne répondait à ceux
des ennemis qu'avec de la poudre.

M. du Brecard, lieutenant-général d'artillerie , et plusieurs officiers d'artillerie était tués. Le maréchal pria alors le duc d'Harcourt, qu'il rencontra , d'aller conjurer le roi de s'éloigner , et il envoya ordre au comte de la Marck , qui gardait Antoin, d'en sortir avec le régiment de Piémont. La bataille parut perdue sans ressource. On ramenait de tous côtés les canons de campagne. On était prêt de faire partir celui du village de Fontenoi, quoique des boulets fussent arrivés. L'intention du maréchal de Saxe était de faire , si on pouvait, un dernier effort mieux dirigé et plus plein contre la colonne anglaise. Cette masse d'infanterie avait été endommagée quoique sa profondeur parut toujours égale. Elle-même était étonnée de se trouver toujours au milieu des Français sans avoir de cavalerie. La colonne était immobile, et semblait ne recevoir plus d'ordre ; mais elle gardait une contenance fière , et paraissait être maîtresse du champ de bataille. Si

5.

les Hollandais avait passé entre les redoutes
qui étaient vers Fontenoi et Antoin, s'ils
étaient venus donner la main aux Anglais,
il n'y avait plus de ressource, plus de
retraite même, ni pour l'armée française,
ni probablement pour le roi et son fils.
Le succès d'une dernière attaque était
incertain : le maréchal de Saxe, qui voyait
la victoire ou l'entière défaite dépendre
de cette dernière attaque, songeait à préparer une retraite sûre. Il envoya un second
ordre au comte de la Marck d'évacuer
Antoin, et de venir vers le pont de Calonne pour favoriser cette retraite en cas
d'un dernier malheur : il fait signifier un
troisième ordre au comte, depuis duc de
Lorges, en le rendant responsable de
l'exécution : le comte de Lorges obéit à
regret ; on désespérait alors du succès de
la journée.

Un conseil assez tumultueux se tenait
auprès du roi ; on le pressait de la part du
général et au nom de la France de ne pas

s'exposer davantage. Le duc de Richelieu, lieutenant-général, et qui servait en qualité d'aide-de-camp du roi, arriva en ce moment. Il venait de reconnaître la colonne près de Fontenoi : ayant ainsi couru de tous côtés, sans être blessé, il se présente hors d'haleine l'épée à la main, et couvert de poussière. Quelle nouvelle apportez-vous ? lui dit le maréchal ? quel est votre avis ? Ma nouvelle dit le duc de Richelieu, est que la bataille est gagnée si on le veut, et mon avis est qu'on fasse avancer dans l'instant quatre canons contre le front de la colonne ; pendant que cette artillerie l'ébranlera, la maison du roi et les autres troupes l'entoureront : *il faut tomber sur elle comme des fourageurs.* Le roi se rendit le premier à cette idée ; vingt personnes se détachent ; le duc de Péquigny, appellé depuis le duc de Chaulnes, va faire pointer ces quatres pièces ; on les place vis-à-vis la colonne anglaise ; le duc de Richelieu court à bride abattue au nom

du roi, faire marcher sa maison ; il an-
nonce cette nouvelle à M. de Montesson
qui la commandait ; le prince de Soubise,
rassemble ses gendarmes ; le duc de
Chaulnes, ses chevaux légers ; tout se forme
et marche ; quatre escadrons de la gendarmerie avancent à la droite de la maison du
roi ; les grenadiers à cheval sont à la tête,
sous M. de Grille, leur capitaine ; les
mousquetaires, commandés par M. de
Jumilhac, se précipitent.

Dans ce moment important, le comte
d'Eu et le duc de Biron, à la droite,
voyaient avec douleur les troupes d'Antoin
quitter leur poste selon l'ordre positif du
maréchal de Saxe. Je prends sur moi la
désobéissance, leur dit le duc de Biron, je
suis sûr que le roi l'approuvera dans un
instant où tout va changer de face ; je
réponds que monsieur le maréchal de
Saxe le trouvera bon. Le maréchal qui
arrivait dans cet endroit, informé de la
résolution du roi et de la bonne volonté

des troupes, n'eut pas de peine à se rendre. Il changea de sentiment lorsqu'il en fallait changer, et fit rentrer le régiment de Piémont dans Antoin. Il se porta rapidement malgré sa faiblesse, de la droite à la gauche vers la brigade des Irlandais, recommandant à toutes les troupes qu'il rencontrait en chemin de ne plus faire de fausses charges, et d'agir de concert.

Le duc de Biron, le comte d'Estrée, le marquis de Croissi, le comte de Lovendhal, lieutenans-généraux, dirigèrent cette attaque nouvelle. Cinq escadrons de Penthièvre suivent M. de Croissi et ses enfans; les régimens de Chabrillant, de Brancas, Brionne, Aubeterre, Courten, accoururent guidés par leurs colonels ; le régiment de Normandie, les carabiniers entrent dans les premiers rangs de la colonne, et vengent leurs camarades tués dans leur première charge : les Irlandais les secondent; la colonne était attaquée à la fois de front, et par les deux flancs.

En sept ou huit minutes tout ce corps formidable est ouvert de tous côtés. Le général Posomby, le frère du comte d'Albermale, cinq capitaines aux gardes, un nombre prodigieux d'officiers étaient renversés morts. Les Anglais se rallièrent; mais ils cédèrent, ils quittèrent le champ de bataille sans tumulte, sans confusion, et furent vaincus avec honneur. Le roi de France allait de régiment en régiment, les cris de *victoire!* et de *vive le roi!* les chapeaux en l'air, les étendarts et les drapeaux percés de balles; les félicitations réciproques des officiers qui s'embrassaient, formaient un spectacle dont tout le monde jouissait avec une joie tumultueuse. Le roi était tranquille, témoignant sa satisfaction et sa reconnaissance à tous les officiers-généraux, et à tous les commandans des corps : il ordonna qu'on eût soin des blessés, et qu'on traitât les ennemis comme ses propres sujets.

Le maréchal de Saxe au milieu de ce

triomphe se fit porter vers le roi ; il re-
trouva un reste de force pour embrasser
ses genoux, et pour lui dire ces propres
paroles : «Sire, j'ai assez vécu, je ne
« souhaitais de vivre aujourd'hui que pour
« voir votre majesté glorieuse. Vous voyez,
« ajouta-t-il ensuite, à quoi tiennnent les
« batailles. »

Le roi le releva et l'embrassa tendre-
ment. Il dit au duc de Richelieu. Je n'ou-
blierais jamais le service important que
vous m'avez rendu : il parla de même au
duc de Biron. Le maréchal de Saxe, dit
au roi : Sire, il faut que j'avoue que je me
reproche une faute; j'aurais dû metttre
une redoute de plus entre les bois de
Barri et de Fontenoi; mais je n'ai pas cru
qu'il y eut des généraux assez hardi pour
hasarder de passer en cet endroit. Les
alliés avaient perdu neuf mille hommes,
parmi lesquels ils y avait environ deux
mille prisonniers ; ils n'en firent presque
aucun sur les Français. Par le compte ex...

tement rendu au major-général de l'infanterie française, il ne se trouva que
seize cent quatre-vingt soldats ou sergens
d'infanterie tués sur la place, et trois mille
deux cent quatre-vingt-deux blessés. Parmi
les officiers, cinquante-trois seulement
était morts sur le champ de bataille ;
trois cent vingt-trois étaient en danger de
mort par leurs blessures : la cavalerie perdit
dix-huit cents hommes.

Jamais, depuis qu'on fait la guerre, on
n'avait pourvu avec plus de soin à soulager
les maux attachés à ce fléau. Il y avait des
hôpitaux préparés dans toutes les villes
voisines, et surtout à Lille. Les églises
mêmes étaient employées à cet usage digne
d'elles. Non-seulement aucun secours,
mais encore aucune commodité ne manqua
ni aux Français, ni à leurs prisonniers
blessés. Le zèle même des citoyens alla
trop loin ; on ne cessait d'apporter de tous
côtés aux malades des alimens délicats ; et
les médecins des hôpitaux furent obligés

de mettre un frein à cet excès dangereux de bonne volonté. Enfin les hôpitaux étaient si bien servis, que presque tous les officiers aimaient mieux y être traités que chez des particuliers, et c'est ce qu'on n'avait point vu encore.

Je ne suis entré dans les détails de cette bataille de Fontenoi que parce qu'elle fut une des plus opiniâtres et des plus glorieuses, que soutint la France avant celles de la révolution; et que son importance, et le danger du roi et du dauphin l'exigeaient. Cette action décida du sort de la guerre, et prépara la conquête des Pays-Bas. Ce qui rend encore cette bataille à jamais mémorable, c'est qu'elle fut gagnée, lorsque le général affaibli et presque expirant, ne pouvait plus agir. Le maréchal de Saxe avait fait la disposition, et les officiers français remportèrent la victoire.

Si la révolution qui pesa si long-temps sur la France, et qui, comme la boîte de Pandore, répandit tous les fléaux sur cette belle partie de l'Europe, d'un côté enfanta tous les crimes, elle enfanta de l'autre, traits d'héroïsme militaire bien supérieurs à ceux que nous vante l'antiquité, et prouva tout ce que l'on doit attendre du courage et de la bravoure des Français.

N'avons-nous pas vu en effet des hommes destinés par leurs parens à un état paisible, n'ayant aucune connaissance des armes, forcés de partir, d'abandonner tous les agrémens de la vie pour l'austère discipline des camps, à peine enrôlés dans les rangs, déployer une intrépidité sublime au milieu des combats, et simples soldats parvenir par leur valeur, de grade en grade, jusqu'aux plus grandes dignités? En offrant le récit de cette longue série de nos victoires, c'est payer à nos guerriers le tribut de notre admiration, c'est leur dire : « Parce que vous avez fait nous « pouvons compter sur ce que vous feriez « encore pour défendre votre roi, votre

« patrie, si un ennemi imprudent osait
« appeler contre la France les fureurs
« de la guerre. »

En suivant l'ordre chronologique, nous
commencerons par les batailles qui pré-
cédèrent celle de Jemmapes, livrée par le
général Dumourier aux armées alliées de
Prusse et d'Autriche, le 6 novembre 1792.
Le sort des armes a quelquefois ses revers, et les batailles de Quiévrain (le 28
avril 1792), de Saint-Aubin (le 23 mai de
la même année), ne furent pas favorables
à nos armes ; mais celle de Maubenge,
donnée le 11 juin, fixa parmi nous la
victoire, ainsi que celles de Fontenoi, du
camp de Maulde, de la Croix-aux-Bois et
de Valmy. Dans cette dernière, l'armée
française commandée par le général Kel-
lermann, ayant sous ses ordres plusieurs
généraux distingués, battit le 20 septembre
les armées prussienne et autrichienne, et
emporta sur elles une victoire qui devint
comme le prélude de celle de Jemmapes,

(64)

Les armées ennemies combinées de
Prusse et d'Autriche, parvenues sur le
territoire français, se dirigeaient sur Lille,
Valenciennes et Maubeuge. A l'aspect d'un
danger si imminent la voix de la patrie
appelle aux armes tous les Français en état
de la défendre ; plusieurs combats précé-
dent la bataille de Jemmapes. Le Français
vainqueur n'attend que l'occasion de
déployer de plus en plus son courage , et
cette bataille vient mettre le comble à
notre triomphe , et a pour résultat la
défaite de l'ennemi.

Le duc de Saxe-Teschen commandait
l'armée autrichienne , forte de vingt mille
hommes , non compris trois à quatre mille
hommes de cavalerie ; celle du général
Dumouriez était à peu près de la même
force : mais la position des Autrichiens
était beaucoup plus avantageuse que celle
de l'armée Française. Les premiers , placés
sur une montagne boisée , offraient trois
rangs d'artillerie prêts à vomir la flamme

et la mort ; et leurs troupes, placées en équerre, semblaient une masse impénétrable à enfoncer.

Le combat s'était engagé dès sept heures du matin, lorsque sur le midi l'infanterie française marcha en colonnes afin de s'emparer des retranchemens ennemis ; la première redoute fut bientôt enlevée à la baïonnette, et après une vive résistance la seconde eut le même sort ; bientôt l'ennemi, culbuté de toutes parts, fit en désordre sa retraite en abandonnant le terrain sur lequel il s'était retranché ; et, la perte considérable qu'il avait éprouvée ne lui permettant pas de s'opposer à notre valeur, il se retira, traversa la ville de Mons sans profiter des avantages que pouvaient lui offrir le Mont-Palisèle, et les hauteurs de Niency.

Cette brillante victoire procura aux Français l'entrée de Mons, Ath, Tournay, Nieuport, Ostende et Bruges.

Le 13 novembre, à la bataille d'An-

de Fleurus, un corps de l'armée autrichienne
fut battu par les Français, et le 27 une
nouvelle victoire vint encore auprès de
Liège couronner nos succès.

Notre intention étant de ne rapporter
dans cet ouvrage que les batailles célèbres que les Français remportèrent pendant le cours de leurs conquêtes, je passerai
sous silence une foule de combats qui,
malgré qu'ils aient été presque tous à
notre avantage, ne seraient qu'une même
répétition de faits militaires, et ne présen-
teraient pas cet intérêt majeur que l'on
trouve dans une grande bataille.

BATAILLE DE FLEURUS,

Gagnée le 26 juin 1794, par le général Jourdan.

La position que l'armée française avait prise en avant de la place de Charleroy, après la reddition de cette ville, fut si bien combinée, que d'avance elle lui assurait la victoire. Le combat commença par la droite des alliés, qui firent plier les avant-postes français, mais qui ne purent leur enlever leurs positions. Les troupes de l'armée ennemie, ayant marché toute la nuit, commencèrent l'attaque au lever de l'aurore. Elles repoussèrent d'abord la division Montaigu ; mais bientôt après la cavalerie française, par une brillante charge, enfonça la cavalerie ennemie, et s'empara de ses bouches à feu. Le général Lefèvre, placé dans le village de Fleurus avec une division de seize mille hommes, avait son

t.. ant couvert par de formidables retranchemens; c'était dans l'attaque de cette
position que le général Jourdan espérait
que viendraient échouer les forces des ennemis; son espoir ne fut point trompé :
une de ses colonnes attaqua vainement ce
poste, elle fut arrêtée, et la bravoure des
Français la força à la retraite. Le général
Beaulieu, voulant essayer avec une autre
colonne d'enlever cette position, essuya la
la même résistance, et fut également
repoussé. On peut dire avec justice que
ce furent ces deux échecs qui décidèrent
en notre faveur de cette journée. Le général Beaulieu, à la tête d'autres troupes,
espérant tourner notre droite, fut encore
obligé de se retirer, ne pouvant soutenir
le feu de notre artillerie, qui portait dans
ses rangs le ravage et la mort.

L'armée française, prête à essuyer une
nouvelle attaque, se tenait ferme dans ses
positions, lorsque le prince de Cobourg,
commandant en chef l'armée ennemie,

ayant appris la reddition de Charleroy, battit en retraite, et nos troupes, quelque temps après, occupèrent cette ville.

Ce fut dans cette bataille que l'on fit usage, pour la première fois, d'un aréostat, afin de connaître les mouvemens de l'ennemi qui battait en retraite. Le général Jourdan, qui le suivait pour ainsi dire pas à pas, l'attaqua et le battit au Mont-Palisèle. Cette seconde victoire nous mit en possession de Mons, Saint-Amand, Marchiennes, Dinant, étant évacués. Les troupes coalisées volèrent au secours de Bruxelles, menacée par les Français, et abandonnèrent ainsi, sans leur porter secours, les places qu'ils avaient conquises, et qui furent bientôt en notre pouvoir.

Tandis que les armées républicaines battaient les armées combinées de Prusse et d'Autriche, la Vendée, armée pour la cause légitime du Roi, se signalait par ses succès sur les troupes républicaines envoyées pour la réduire. Le noble motif qui animait les Vendéens semblait doubler leur courage, et leurs intrépides chefs Laroche-Jaquelin, Delescure, Charette, Stofflet, de Bonchamps et d'Elbée, déployèrent dans cette guerre une valeur au-dessus de tout éloge. Si le succès ne répondit pas à leurs glorieux efforts, ils n'en eurent pas moins la gloire à jamais immortelle d'avoir long-temps résisté aux nombreuses armées envoyées contre eux, et d'avoir combattu pour la cause du trône.

Chaque parti déploya dans cette guerre un acharnement qui balança tour à tour la victoire; mais, hélas! quel que fût le vainqueur, il avait à regretter que ses lauriers fussent teints du sang français. Tel est le triste résultat des guerres civiles, et celle de la Vendée nous offrit malheureusement le Français aux prises avec le Français. Ah! si les républicains n'eussent pas été alors abusés, et si, joignant leurs efforts à ceux des Vendéens, ils eussent combattu pour la même cause, avec quel plaisir ne citerions-nous pas leurs victoires !.... Qu'il nous soit donc permis de ne pas rapporter de tels succès !.... Parmi les généraux républicains qui se distinguèrent à la tête de nos armées, je citerai Pichegru, qui sut si long-temps commander la victoire. Ce général, né à Arbois, département du Jura, était sous-officier d'artillerie au moment de la révolution. Nommé commandant d'un bataillon de gardes nationales, il sut bientôt par sa bravoure franchir les grades militaires, et parvenir à celui de général. Chargé du commandement de l'armée du Rhin, Pichegru commença par y rétablir la discipline militaire, sans laquelle on ne peut obtenir de succès. Afin de diviser les forces ennemies, il ordonna une attaque sur les principales places de la Flandre, et bientôt Courtray fut en notre pouvoir; Menin subit le même sort. Le général ennemi Clairfait, voulant bloquer les troupes françaises cantonnées dans Courtray avait fait de savantes dispositions pour cerner cette place ; mais, malgré la mitraille et le feu continuel de l'ennemi, nos troupes firent une sortie, se déployèrent, et combattirent avec tant d'audace, que Clairfait, ne pouvant résister à leur impétuosité, profita de la nuit pour se retirer à Thielt.

Le duc d'Yorck, commandant les armées anglaise et hanovrienne, ayant reçu un renfort de vingt mille hommes à la tête desquels étaient l'empereur d'Allemagne et le prince Cobourg, partit de Tournay avec quarante-cinq mille hommes, et Clairfait quitta Thielt avec vingt-cinq mille hommes ; tous deux dans le dessein de bloquer notre armée qui était à Courtray, et de faire une jonction, afin d'interrompre toute communication entre Lille et Courtray. Il ne leur fallait pas une heure pour faire leur jonction, lorsque, se trouvant attaqué à l'improviste après une résistance opiniâtre, l'ennemi fut complétement battu , mis en déroute , et forcé de se retirer à Tournay.

Le général Yorck ayant envoyé des renforts considérables au général Clairfait, ce dernier livra bataille à nos troupes, qui le battirent encore complètement, et le forcèrent à se retirer à Thielt : cette victoire fut une des plus décisives, et nous donna la conquête d'Ypres et de toute la West-Flandre.

Pichegru ne marcha plus alors que de victoires en victoires : ayant fait sa jonction avec l'armée de Sambre-et-Meuse , il conquit toute la Belgique.

Profitant ensuite de la rigueur de l'hiver, il résolut de s'emparer de la Hollande, qui, défendue par ses immenses canaux, ne pouvait être attaquée avec succès dans une autre saison. Son vaste génie lui suggéra donc de faire passer son armée sur les fleuves glacés , et de poursuivre ainsi les armées coalisées : l'effet répondit à son attente. Il livra bataille sur ce nouveau terrain ; l'ennemi se mit en déroute sur une étendue de plus de douze lieues, abandonnant son artillerie qui tomba en notre pouvoir. Bientôt toutes les provinces de la Hollande furent le fruit d'une pareille entreprise. Après avoir fait la conquête de la Hollande, les Français portèrent leurs armes victorieuses sur les vaisseaux de cette puissance qui étaient retenus en mer par une glace profonde qui les empêchait de se mouvoir. Plusieurs escadrons de cavalerie furent détachés pour attaquer la flotte défendue par les marins qui en formaient les équipages; mais la valeur et l'intrépidité française triomphèrent bientôt des Hollandais; et leurs vaisseaux, semblables à des citadelles dont on formait le siége, se rendirent à la cavalerie française, qui y fit sur-le-champ arborer de nouveaux pavillons. Cette conquête extraordinaire eut lieu en janvier 1794.

Après la conquête de la Belgique et de la Hollande, les généraux Pichegru et

Jourdan, ayant pénetré dans l'Allemagne, furent forcés de repasser le Rhin , et de lever le siége de Mayence ; cette retraite sagement combinée fut aussi glorieuse pour Pichegru que ses conquêtes , puisqu'elle prouva de plus en plus son génie militaire.

L'empereur d'Allemagne, redoutant les suites d'une guerre dans laquelle nos généraux déployèrent la tactique la plus savante et le courage le plus intrépide , conclut le 3o janvier 1796 une armistice avec le directoire ; et le général Pichegru dont on n'avait pas assez apprécié le mérite, mécontent du directoire, prouva en donnant sa démission qu'il n'avait si vaillamment combattu que pour la gloire de son pays , et non par aucun motif d'ambition. Il se retira dans son pays natal.

Parlons maintenant d'un général , de Napoléon Bonaparte, qui ne dut son élevation extraordinaire qu'à une action qui, dans tout autre temps que celui d'une ré-

volution, l'eût fait punir avec la plus grande
rigueur. Capitaine dans un régiment d'artillerie, protégé par le directeur Barras, il
fut chargé au siège de Toulon de diriger
les batteries; et, après la prise de cette ville,
ayant été destitué comme terroriste, il
vint à Paris solliciter sa remise en activité.
L'insurrection de vendémiaire servit parfaitement ses projets, puisque ce fut à elle
qu'il dut le grade de général. Les sections
de Paris avaient pris les armes contre la
convention, et voulaient enfin détruire
cette assemblée monstrueuse dont tous les
actes ne respiraient que la tyrannie. La
convention, voulant repousser la force par
la force, rassembla pour la défendre tout
ce que la révolution avait d'impurs, tel
que l'armée révolutionnaire, les brigands
qui saccagèrent Lyon, ceux dits Marseil-
lais, etc. Mais qui charger du commandement d'une pareille troupe? à quel général pouvait-on offrir une mission aussi
déshonorante... ce général enfin se trouva;

ce fut Bonaparte. Barras, son protecteur, le fit nommer. Loin de refuser, Bonaparte accepta, et répondit à la confiance de ses protecteurs en mitraillant les citoyens paisibles de la capitale que la curiosité avait attirés sur les marches de l'église de Saint-Roch. Un triomphe si déshonorant fut cependant pour lui le premier degré de sa fortune. La convention reconnaissante le nomma général en chef de l'armée de l'intérieur, et trois mois après il obtint le commandement de l'armée d'Italie.

CAMPAGNE D'ITALIE.

L'armée d'Italie, en passant sous le commandement de Bonaparte, n'avait pas attendu ce nouveau général pour faire ses preuves ; ses chefs, déjà célèbres dans les armes, l'avaient conduite plusieurs fois à la victoire, et sa gloire, antérieure à celle de son général, était à elle : mais il faut convenir que celui-ci sut en tirer un parti admirable en exécutant avec elle des choses qui paraissaient inexécutables, telles que le fameux passage du Tagliamento, et celui non moins célèbre des **ponts de Lodi** et d'Arcole. Doué d'une ambition démesurée, plein de confiance en lui-même, **Bona**parte sut mettre à profit le courage et le dénûment absolu de cette armée, en lui montrant **dans une proclamation les riches** contrées de **la Lombardie comme une** conquête qui la couvrirait de gloire, et réparerait le dénûment qu'elle éprouvait. Parler de gloire à des Français, c'est les faire voler à la victoire, et, guidés par ce noble motif, il n'est rien qu'ils ne puissent entreprendre.

Les Autrichiens, les Sardes, les Napolitains, commandés par le général Beaulieu, étaient les ennemis que l'armée française avait à combattre. Notre armée victorieuse dans plusieurs actions força bientôt le roi de Sardaigne à capituler ; et les autres alliés n'ayant pu défendre le passage du Pô, les

Français se rendirent maîtres de la Lombardie. Le général Beaulieu, se persuadant que l'armée française se reposerait dans les plaines de la Lombardie, avait en conséquence pris ses mesures pour l'attaquer avec succès: mais Bonaparte, suivant le cours de ses victoires, attaque les Autrichiens, et les force, par différens combats, d'étendre leurs lignes ; manœuvre qui les affaiblit insensiblement. Enfin, le 21 floréal de l'an 4, il charge avec impétuosité l'ennemi sur le village de Lodi, et le force de passer de l'autre côté de l'Adda, en l'empêchant de couper le pont, que cependant il défend par une artillerie formidable et bien servie.

Un corps de grenadiers français, commandé par les généraux Berthier, Masséna, Cervoni et Dallemagne, bravant la mitraille marche au pas de charge, et enlève à la baïonnette cette redoutable artillerie: pendant ce temps notre cavalerie, traversant le fleuve à la nage, tombe sur l'ennemi et le

en déroute. Il fuit de tout côté, et abandonne armes et bagages.

Le succès de la bataille de Lodi force la
ville de Milan d'ouvrir ses portes au
vainqueur.

BATAILLE D'ARCOLE.

Les Français, vainqueurs de deux armées
impériales, eurent en vendémiaire an **V**
une nouvelle armée à combattre ; mais cette
dernière éprouva bientôt les mêmes revers.
Ce fut surtout au village d'Arcole que le
combat fut terrible. Une nombreuse artillerie, secondée par des retranchemens
naturels qui la protégeaient, vomissait
partout la flamme et la mort. En vain nos
généraux voulaient-ils forcer le passage
avec cette intrépidité qui leur est naturelle ;
ils étaient repoussés et obligés de reculer.
Saisissant un drapeau, le général Augereau
se porte sur un pont qui défendait l'ap-

proche du village d'Arcole ; mais le feu de l'ennemi le fait bientôt rétrograder. Bonaparte veut franchir la même difficulté, et éprouve la même résistance. Enfin, après le combat le plus opiniâtre qui ait jamais signalé l'armée française, la victoire se déclare en notre faveur; et l'ennemi, battu et dispersé sur tous les points, fuit devant le vainqueur. Marchant ensuite sur la Toscane, au mépris de la paix qui unissait le grand-duc avec la France, Bonaparte s'empara des caisses et des marchandises qu'il trouva dans cet état, donnant pour prétexte que c'étaient des marchandises anglaises : système qu'il n'oublia pas pendant sa prospérité. Le chef de l'église devait être par son rang et son titre à l'abri de toute invasion ; mais Bonaparte ne pensa pas ainsi, il força le Saint-Père à lui livrer plusieurs places, et en exigea de fortes contributions. Le roi de Naples, les ducs de Parme et de Plaisance, ne pouvant résister à nos troupes, furent obligés de suivre l'exemple du pape, dans la crainte de voir leurs états envahis.

Pendant que ces évènemens se passaient, l'armée autrichienne, considérablement augmentée par des troupes tirées de l'armée d'Allemagne, occupait les gorges du Tyrol, et s'y était fortifiée.

L'ennemi se préparait à faire lever le siège de Mantoue, que faisaient depuis quelques mois les Français, mais il ne fut pas plus heureux qu'il ne l'avait déjà été : battu à Castiglione et à Rivoli, il ne put empêcher Mantoue de capituler, et l'Italie devint la conquête des Français.

BATAILLE DE MONTENOTTE.

Ce fut au dévouement du vaillant général Rampon et à celui de ses braves que l'on dut le gain de la bataille de Montenotte. Renfermés dans la redoute de ce nom, ils résistèrent au feu de l'ennemi, et firent le glorieux serment d'y périr plutôt que de se rendre. Ce sublime dévouement donne le temps aux diverses divisions de notre armée de tourner l'ennemi, de l'attaquer, et de le mettre en pleine déroute. Les généraux la Harpe et Masséna, déployèrent dans cette bataille une intrépidité au-dessus de tout éloge ; la précision qu'ils mirent dans leur attaque, et la bonté de leurs manœuvres, assurèrent le succès de cette journée.

BATAILLE DE RIVOLI.

La bataille de Rivoli balança long-temps la victoire: l'armée française avait déjà perdu plusieurs positions, lorsque le général Masséna vint rétablir l'équilibre dans le combat. L'ennemi, qui n'avait pas employé toutes ses forces, fit marcher une de ses colonnes au plateau de Rivoli, afin de tourner l'armée française. Le général Leclerc fut chargé de l'attaquer à la tête

de la cavalerie, et le général Lasalle de
combattre l'infanterie. Tandis que ces deux
généraux exécutaient cette manœuvre, le
général Joubert tombe sur l'ennemi qui
avait pénétré sur le plateau. Attaqué ainsi
de tous côtés et mis en déroute, l'ennemi
abandonne le champ de bataille, y laisse
son artillerie, et se retire en désordre dans
la vallée de l'Adige.

Le colonne ennemie qui voulait **tourner**
notre armée et nous couper toute retraite,
ayant été attaquée vigoureusement, se
trouva tellement enveloppée, qu'elle fut
obligée de se rendre prisonnière. Dès ce
moment l'armée ennemie fut partout en
déroute, et tellement poursuivie, qu'un
nombre considérable de prisonniers **tom-**
bèrent en notre pouvoir.

Enfin cette première campagne d'Italie
mit le comble à la gloire des armées françaises, et procura à nos troupes un repos
dont elles avaient besoin depuis long-temps.

EXPÉDITION D'ÉGYPTE.

Cette expédition, qui fut si désastreuse pour la France, fut due à Bonaparte : soit qu'il l'eût conseillée, ou que le directoire ait voulu éloigner un homme dont les succès en Italie avaient enflammé l'ambition, il n'en est pas moins vrai qu'elle détruisit l'élite de l'armée, tant par le climat que par les pertes que nous fîmes dans les combats ; pertes difficiles à réparer, attendu l'éloignement qui empêchait d'envoyer de nouvelles forces. Chargé en chef de cette expédition, Bonaparte partit de Toulon le 19 mai 1798 avec une flotte nombreuse. Il commença par s'emparer, en passant, sous un vain prétexte, de l'île de Malte, et la dépouilla de ses richesses. Ainsi fut anéanti un ordre qui avait rendu à l'état et à la religion de grands services, et qui se distingua toujours par le courage et la bravoure de ses chevaliers. Quelque temps après il continua sa route pour l'Égypte , où il arriva le 2 juillet 1798. Il débarqua à Alexandrie, l'attaqua, la prit après un léger combat. Il se dirigea ensuite vers le Caire sur la route duquel il eut à soutenir divers combats avec les Mamelucks et les Arabes: dans ces combats, où l'on se battit des deux côtés avec une vive résistance, notre armée eut toujours l'avantage, et rien ne s'opposa plus à son passage. Le 10 juillet elle n'était plus qu'à six lieues du Caire, lorsqu'elle trouva les beys qui l'attendaient pour lui livrer bataille. Attaqués par les généraux Desaix et Rampon, malgré la plus vive résistance, les beys furent défaits, et il s'ensuivit la prise d'un butin considérable, et la reddition du Caire, qui ne tarda pas à capituler.

Ses victoires aiguisant son ambition, Bonaparte voulut s'emparer de la Syrie, et à cet effet il quitta le Caire avec une armée formée de l'élite de ses troupes. Général imprévoyant, il ne se fit suivre d'aucuns magasins dans un pays où il fallait traverser de vastes déserts, et exposa ses soldats à manquer du nécessaire. S'étant rendu maître de Jaffa, quatre mille prisonniers, malgré la foi des traités, furent égorgés par ses ordres ; et quelques temps après, il fit empoisonner ses propres soldats attaqués de la peste dans des hôpitaux. Obligé de lever le siége de S.-Jean-d'Acre, où il avait perdu beaucoup de monde, il crut ne pouvoir mieux se venger qu'en incendiant et massacrant tout ce qui se trouva sur son passage. Telle fut dans ces contrées lointaines, la conduite, d'un homme qui, loin d'y porter des paroles de persuasion, y exaspéra au contraire tous les sentimens de la haine.

Le général Desaix contenait avec peine, dans la haute Égypte, les Mamelucks. Bientôt une flotte chargée de troupes débarqua à Aboukir, et donna lieu à la plus sanglante bataille, et qui fut gagnée par l'armée française, dont le succès ranima le courage.

Mais bientôt s'affaiblissant de plus en plus par les combats multipliés qu'elle eut à soutenir, il était à redouter qu'elle ne s'anéantît ; et Bonaparte, qui avait à se reprocher ce désastre, ajouta à sa honte celle de laisser tant de braves exposés aux plus grands dangers en les abandonnant et en faisant voile pour la France. Les débris de cette brillante armée furent ramenés dans leur patrie par les généraux qui n'avaient pas suivi l'exemple de leur chef. Telle fut cette expédition si vantée, qui n'eut pour résultat que la perte de braves généraux et soldats. Malgré ce revers, notre armée ne perdit rien de sa gloire ; et le courage sublime qu'elle déploya méritait un plus heureux succès.

Pendant que Bonaparte espérait faire la conquête de l'Égypte, les Russes et les Autrichiens étaient parvenus à reprendre le fruit de nos premières conquêtes. Masséna, nommé général, parvint à entrer en Suisse, où il obtint les plus brillans succès, battit le prince Charles, et s'empara de Zurich. Enfin ce général, surnommé *le Favori de la Victoire*, remporta sur les armées coalisées russe et autrichienne des succès toujours croissans, et se couvrit de gloire.

Depuis son arrivée à Paris le 24 vendémiaire, Bonaparte se mit à préparer et à mûrir le projet de la révolution qu'il devait opérer le 18 brumaire, conjointement avec plusieurs membres du directoire, du conseil des anciens, et ceux qui lui étaient affidés. On connaît les détails de cette fameuse journée, dans laquelle le directoire fut abattu.

Le 24 frimaire Bonaparte fut décidément nommé premier consul. Quelque temps après il partit pour l'Italie, afin de reconquérir ce que le directoire avait laissé perdre; et en peu de temps il franchit les Alpes, le mont S. Bernard, le Simplon,

le mont S.-Gothard, s'empare de Milan, ,
met en déroute l'ennemi qui abandonne
ses magasins, en fuyant devant l'armée
française.

————

BATAILLE DE MARENGO,

Donnée le 14 juin 1800.

De toutes les batailles qui illustrèrent
nos armes, la bataille de Marengo est
l'une des plus célèbres, tant par l'acharnement avec lequel on se battit de part et
d'autre, que par le glorieux résultat qui
en fut la suite pour l'armée française.
Jamais succès ne fut mieux disputé et
balancé par les deux partis. Cent bouches
à feu dirigées contre nos bataillons, portaient à chaque volée la mort dans nos
rangs; et la cavalerie ennemie, par ses
manœuvres, voulait tourner notre droite.
La garde consulaire en bataillon carré

avait déjà soutenu, sans s'ébranler, plusieurs charges très-meurtrières. Nous avions un nombre si considérable de morts et de blessés, que les généraux croyaient la bataille perdue, lorsque le général Desaix, à la tête de la réserve, fait changer la face des choses : il tombe à la baïonnette sur les Autrichiens, et les fait reculer. Le mouvement des ennemis nous permet de nous mettre en bataille, d'activer notre artillerie, et de charger de nouveau la ligne de leur troupes. Au milieu de ce succès, le général Desaix, frappé d'une balle, trouve sur le champ de bataille la mort glorieuse des braves. La perte de ce général, qui avait ramené parmi nous la victoire, excite la vengeance de nos soldats ; ils se battent en héros, et bientôt le succès n'est plus douteux, nous remportons une victoire complète. Hélas ! notre triomphe aurait été parfait si nous n'avions pas eu à regretter celui au courage duquel on dut la victoire. Les larmes de l'armée

entière payèrent un juste tribut à sa mé-
moire, et les noms de Marengo et de
Desaix, en passant à la postérité, seront
à jamais inséparables. Dans cette mémorable bataille notre perte fut considérable,
mais celle des ennemis fut incalculable. Il
perdit l'élite de ses généraux et officiers
et ses meilleures troupes.

BATAILLE DE HOHENLINDEN.

Cette bataille, commandée par le général
Moreau, fut une des plus opiniâtres que
nous eûmes à soutenir. Les ennemis se
défendirent avec le plus grand courage,
mais ne purent soutenir notre attaque;
l'artillerie y fut presque inutile, et ce fut
à la baïonnette que des deux côtés on en-
levait pied à pied le terrain : aussi jamais
combat ne fut plus sanglant. Les généraux
Richepanse, de Caen, Grenier, Ney,
Grouchy soutinrent glorieusement toutes
les attaques, et se couvrirent de gloire;
et nos troupes ne montrèrent pas moins

de bravouve. Quatre-vingt pièces de canon, deux cents caissons, dix mille prisonniers, dont trois généraux, furent le fruit de cette victoire qui nous facilita les moyens de franchir rapidement l'Inn, la Saltz, Traun, l'Ems, et de nous mettre en possession de Lintz, éloigné de Vienne de dix-sept lieues.

BATAILLE DE TAGLIAMENTO.

La division du général Bernadotte était arrivée sur les bords de la Piave qui était considérablement augmentée : il fallait la traverser, et sa rapidité retenait le soldat. Bernadotte donne le premier l'exemple, bientôt il est imité ; nos troupes passent le Tagliamento, et marchent à l'ennemi : après une vive résistance elles le forcent à se retirer à Godroippo. Enfin Bernadotte entre dans Palma-Nova, et se rend devant la forteresse de Gradisca, dont quatre mille hommes en formaient la défense ; il passe l'Isonzo, et s'avance sur Gorizia. Les ennemis rentrent dans cette place ; on l'attaque: il se défend vigoureusement ; enfin il est obligé de se rendre, et le général Bernadotte remporte une victoire complète.

SIÉGE DE GENES.

Que l'on se peigne toutes les calamités que peut éprouver une ville assiégée, et dont la garnison est obligée de soutenir journellement des combats ; le peuple, privé des alimens nécessaires à la vie, se disputant les cadavres des animaux pour en faire sa nourriture ; enfin reduit à la dernière extrémité, et prêt à chaque instant à se revolter, on n'aura encore qu'une faible idée de ce qu'éprouvait la ville de Génes lorsque les Napolitains et les Anglais l'assiégeaient. En capitulant le général qui défendait cette place y ramenait l'abondance ; mais le général Masséna à qui la défense en était confiée sut avec intrépidité contenir le mécontentement qui éclatait parmi les habitans, et même parmi ses troupes ; mécontentement bien pardonnable alors à des hommes qui n'avaient rien pour subsister, et dont la faiblesse extrême prouvait les privations les plus cruelles. L'idée d'une capitulation, quoiqu'honorable, ne pouvait entrer dans l'esprit d'un brave général accoutumé à battre l'ennemi, et non à en recevoir des lois. Il assemble ses offiiciers ; il propose une sortie : Vaincre ou périr s'écrie-t-il. Tous repondent qu'ils sont prêts à le suivre ; mais qu'il n'en est pas de même des soldats qui, exténués par la faim, sont hors d'état de porter même leurs armes. C'est alors que n'écoutant que la voix de l'humanité, et ne voulant pas exposer inutilement la vie de ses compagnons d'armes, et le salut de la ville, il se résout à accepter un traité aussi honorable que sa défense. La proposition de l'ennemi portait que l'armée retournerait en France, mais que son général resterait prisonnier de guerre. « Vous valez seul vingt mille « hommes, » écrivit le lord Keith au général Masséna. Ce dernier répondit qu'il s'ensévelirait plutôt sous les décombres de la ville, que de signer un traité ou serait le mot de capitulation. L'ennemi fut donc obligé d'accepter les conditions proposées par le général français qui y mit une telle dignité qu'il semblait en imposer lui-même aux Anglais. L'amiral Keith, frappé du courage et de la bravoure de Masséna, lui donna les plus grandes marques d'estime, et à chaque difficulté qu'éprouvait les articles, il lui disait : Monsieur le général, votre défense est trop héroïque pour que l'on puisse vous rien refuser ; éloge d'autant plus flatteur qu'il venait d'un ennemi qui savait apprécier le mérite.

Si nous venons de rapporter une des plus belles défenses du général Masséna

auquel l'ennemi rendit tant de justice,
nous ne pouvons passer sous silence, la
retraite non moins célèbre du général
Moreau. Les deux armées autrichiennes
sous le commandement du prince Charles
avaient tellement battu le général Jourdan,
que son armée fut obligée de fuir jusqu'aux frontières de France dans un si
grand désordre, qu'il paraissait presque
impossible de remédier à un tel désastre.
Le général Moreau cherchant à aider le
général de division Férino, qui voulait
passer par le Tyrol, ne put parer à ce
malheur, et son armée serait tombée au
pouvoir des ennemis, si l'habileté de
Moreau ne fut parvenue à la sauver par une
retraite des plus savantes; et loin d'éprouver aucune perte, il combattit si glorieusement les différens corps qui se trouvaient
sur son passage, que peu s'en fallut qu'il
ne remportât une victoire complète. Il
s'ouvrit à la baïonnette un passage par le
val d'Enfer, et se maintint sur la route

d'Huningue, que l'ennemi essaya en vain
de lui fermer. Là, Moreau passa le Rhin
le 26 octobre 1796, en présence des Autrichiens qui n'essayèrent pas même de
l'arrêter, tant ils redoutaient la valeur de
ses armes. Cette retraite qui dura vingt-
sept jours suffirait seule pour assurer à
Moreau un nom à l'immortalité, si la réputation militaire de ce général n'était pas
à jamais inscrite dans les fastes de la
gloire. Fidèle à ses vues ambitieuses,
Bonaparte sentit qu'il devait saisir l'instant où la conspiration de Georges avait
porté sur lui quelqu'intérêt, pour parvenir
à la puissance suprême, et que dans cet
élan d'enthousiasme, le peuple serait
moins observateur que dans une situation
tranquille. Il avait parmi les différens corps
de l'état des affidés qui savaient saisir l'occasion de développer le plan qu'il leur
dictait; et, dans le cas de refus, il avait
encore la gloire de ne pas accepter ce qu'il
brûlait du désir d'obtenir. Le tribun,

Curé, après un discours préparé d'avance, proposa au tribunat assemblée, de porter au sénat un vœu qni, disait-il, était celui de toute la nation, et qui avait pour objet : 1°. que Napoléon Bonaparte, alors consul, fût déclaré empereur ; 2°. que la dignité impériale fût déclarée héréditaire dans sa famille. Le sénat adopta ce projet, et Bonaparte usurpa ainsi le trône des Bourbons, auquel il joignit bientôt la couronne d'Italie. Fier de son nouveau pouvoir, il crut alors qne rien ne pouvait lui résister : et suivant son système politique de faire regarder les Anglais comme les ennemis les plus acharnés contre la France, il assembla une nombreuse flotille dans la Manche, et forma à Boulogne un camp formidable, dans l'intention, suivant lui, de faire une descente en Angleterre ; mais ce plan n'eut d'autre succès que d'augmenter la gloire de la marine anglaise par le combat de Trafalgar, qui anéantit une entreprise préconisée avec tant d'éclat. Dissimulant son dépit, il déclara la guerre à l'Autriche, et en peu de temps l'armée dite d'Angleterre parut sur les rives du Danube. Le général autrichien, surpris par l'armée française, se retira dans la ville d'Ulm, et mis bas les armes devant nos troupes, abandonnant chevaux et artillerie. Bonaparte ayant appris que les Russes apportaient du secours à l'Autriche, poursuivit sa marche afin de les combattre, et le 11 novembre 1805, il entra à Vienne, que l'empereur François II avait quitté pour se retirer avec son armée en Moravie, où il fut joint par les Russes dont l'armée était commandée en personne par l'empereur Alexandre. La jonction de ces deux puissances donna lieu à la bataille d'Austerlitz que leur livra l'armée française, le 2 décembre 1805.

BATAILLE D'AUSTERLITZ.

Malgré les efforts des deux empereurs coalisés, leurs troupes ne purent tenir contre le courage et l'intrépidité des nôtres. Leurs lignes sont bientôt rompues, et obligées ou de mettre bas les armes, ou de battre en retraite sur un lac glacé. Une des colonnes russes qui s'était défendue avec un courage héroïque, ayant passée sur ce lac, notre artillerie, dirigée contre la glace, la rompt, et ceux qui avaient échappés à notre feu meurtrier, sont engloutis sous les eaux. En vain les empereurs d'Autriche et de Russie avaient-ils par leur présence encouragé leurs troupes, elles ne purent tenir contre notre armée victorieuse, et éprouvèrent une perte immense.

Cette bataille fut décisive pour les armes françaises, et contraignit l'empereur François à demander la paix, qui fut ratifiée, quelque temps après, par un traité signé à Presbourg, et qui donna à **Bona-parte** Venise, la Toscane, **Parme**, Plaisance et Gênes. S'étant emparé peu après du royaume de Naples, **Bonaparte** en posa la couronne sur la tête de son frère Joseph.

CAMPAGNE DE PRUSSE.

Le roi de Prusse ne sachant **à quel** motif attribuer le séjour des nombreuses troupes françaises qui se trouvaient près de ses états, ayant fait demander qu'elles évacuassent l'Allemagne, Bonaparte prit aussitôt pour une insulte une pareille demande ; et loin de donner à la Prusse une juste satisfaction, pendant que les plénipotentiaires négociaient à Paris, il était à Wurzbourg à la tête d'une armée considérable à laquelle il adressa une proclamation où il peignit la Prusse comme oppresseur, et qu'il termina par une jactance prophétique, selon sa coutume. La bataille d'Iéna qui suivit fut si fatale à la Prusse, que Bonaparte marcha de succés en succès, et qu'en peu de temps il envahit tous les états de ce royaume. Son ambition n'était pas encore satisfaite. Voulant de plus en plus étendre sa domination, il manda à son quartier-général les députés polonais qui réclamèrent sa protection : il leur promit de leur rendre leur indépendance. S'étant rendu sur la Vistule, malgré la rigueur de l'hiver, il voulut tenir la campagne; mais attaqué par les Russes à Pultusk, il éprouva une perte considérable. Il en fut de même en avant de Thorn, où il n'échappa à une défaite générale que par les savantes manœuvres du général Ney, qui depuis a si lâchement terni ses lauriers. Bonaparte s'étant mis en marche sur Eylau, forma le projet de prendre sur les Russes une revanche redoutable.

BATAILLE D'EYLAU.

Cette bataille fut livrée le 8 février 1807 contre les Russes et les Prussiens. Les élémens semblaient coalisés avec eux, car une neige des plus épaisses couvrit tellement les deux armées qu'elles ne pouvaient se distinguer. Cependant, le temps s'étant éclairci, les Français chargèrent l'armée coalisée avec tant d'impétuosité et firent un feu si vif avec leur artillerie, que bientôt les ennemis furent en déroute après avoir perdu un nombre considérable des leurs, en laissant au pouvoir du vainqueur beaucoup de prisonniers, des drapeaux, ainsi que des pièces de canon.

***

BATAILLE DE FRIEDLAND.

Cette bataille, qui fut des plus sanglantes, fut on ne peut plus fatale à l'armée russe qui, pendant seize heures, offrit la plus vigoureuse résistance. Mais elle fut forcée enfin de céder à la valeur française. Leur perte fut d'autant plus considérable qu'elle leur coûta leur artillerie, leurs magasins, leurs munitions, leurs hôpitaux, la place de Kœnisberg, et un nombre considérable de bâtimens qui se trouvaient dans ce port, et qui étaient chargés de toutes sortes de munitions envoyées par l'Angleterre. La paix de Tilsitt fut le résultat de cette glorieuse bataille; et les traités qui furent conclus en cette circonstance reconnurent les frères de Bonaparte : Joseph, comme roi de Naples; Louis, roi de Hollande, et Jérôme, roi de Westphalie. Ce fut à la suite de la paix de Tilsitt que la Russie et la Prusse consentirent au blocus continental, en promettant de fermer leurs ports aux Anglais.

SECONDE GUERRE D'AUTRICHE.

L'empereur François, fidèle à la paix de Presbourg, en remplissait exactement le traité ; mais craignant d'éprouver le sort des autres puissances, il résolut de tenter encore une fois les hasards de la guerre. Bonaparte, étonné qu'on eut deviné ses projets, quitte Paris, arrive à Ingolstadt, et en peu de jours remporte plusieurs victoires qui lui facilitent l'entrée à Vienne. Cependant, la campagne ne se termina pas encore ; et la bataille d'Esseling fut encore à notre avantage, car l'ennemi ne dut sa conservation qu'à la crue subite du Danube qui, rompant les ponts, empêcha sa perte totale. Ce fut à cette bataille que la France perdit le duc de Montébello, l'un des plus grands guerriers de ces temps modernes, et dont la gloire sera immortelle dans l'histoire.

BATAILLE DE WAGRAM.

La bataille de Wagram suivit de près celle d'Esseling, et fut pour la France une des plus glorieuses. Elle fut décisive. Chaque parti avait rassemblé une armée formidable, et tous deux comptant sur la victoire, déployèrent un courage et une tactique qui balançait tour à tour le succès. Enfin l'avantage resta aux Français. L'ennemi perdit l'élite de ses troupes et vingt mille prisonniers. L'empereur François ne pouvant, après un tel échec, tenir la campagne, obtint un armistice qui bientôt fut suivi de la paix qui fut signée à Vienne, et dont un article secret fut le mariage de l'archiduchesse d'Autriche Marie-Louise avec Bonaparte. L'empereur d'Autriche, croyant par le plus grand des sacrifices (célui de lui donuer une fille chérie) obtenir une paix et une alliance continues avec l'homme qui avait porté tant de fois dans ses états les ravages de la guerre, n'hésita pas à souscrire à ses vues.

GUERRE D'ESPAGNE.

Le traité de Tilsitt, si avantageux à Bonaparte, et qui semblait devoir satisfaire entièrement son ambition, quelque grande qu'elle pût être, était à peine conclu qu'il parut songer à étendre sa domination jusque sur l'Espagne et le Portugal. Il fallait un prétexte pour mettre à exécution le plan hardi et gigantesque de subjuguer une nation amie et alliée, qui depuis plusieurs années se sacrifiait aux intérêts de la France. On résolut de jeter et de fomenter la discorde dans la famille royale d'Espagne, et l'on réussit de suggérer au prince des Asturies, héritier présomptif de la couronne, l'idée de demander en mariage une héritière de la famille de Bonaparte.

Les premières troupes que Bonaparte avait envoyées en Espagne n'en ayant occupé qu'une très-faible partie, elles éprouvèrent nécessairement un échec par la vive résistance que déploya un peuple qui adorait son souverain, et qui, réuni aux troupes de ligne, formait autant de soldats. La seconde armée que Bonaparte y envoya, victorieuse dans les campagnes de Prusse, d'Autriche et de Pologne, était bien faite pour faire balancer la victoire en notre faveur, mais trop peu considérable pour s'emparer d'un pays aussi étendu que l'Espagne, dont tous les habitans avaient pris les armes. De quoi ne peut être capable une nation qui combat pour la défense de sa patrie et de son roi! et quelques pertes qu'elle éprouvât dans les différens combats qu'elle eut à soutenir, de nouveaux soldats citoyens les réparaient bientôt, et la rendait pour ainsi dire invincible.

BATAILLE DE VILLA VICIOSA.

Cette bataille fut glorieuse pour l'armée française, qui résista avec un corps peu considérable à une force beaucoup plus nombreuse. Le combat opiniâtre qui s'en suivit balança long-temps la victoire. D'un côté, on se battait pour la défense de la patrie, et de l'autre pour la gloire : ces deux nobles motifs ne pouvaient qu'enflammer le courage des deux partis : aussi l'acharnement fut-il égal. Enfin le succès demeura à nos troupes, et le maréchal Bessière qui les commandait se couvrit de gloire. Il n'en fut pas de même à Bylen : malgré les efforts et le courage de nos soldats, nous fûmes obliger de céder, et cette bataille sauva l'Espagne.

SIÉGE DE SARAGOSSE.

Jamais siége ne fut mieux soutenu, et jamais ville ne fut mieux attaquée. Le peuple entier prit part à cette défense ; les femmes, les enfans combattirent comme les soldats, et firent des prodiges de valeur. Malgré cette noble résistance, cette ville ne put tenir contre la valeur française, et se rendit enfin offrant le cruel spectacle de tous les désastres de la guerre ; c'est-à-dire, un amas de décombres, et les rues et les places jonchées de morts.

S'il fallait rapporter toutes les batailles que nous livrâmes en Espagne, l'on verrait par celles de Talavéira, d'Ocana, du Sommo-Sierra, des Aropiles, de Vittoria, tout ce que peut d'un côté la valeur guerrière, et de l'autre, l'amour de la patrie. Les nombreux combats partiels que nous eûmes à soutenir contre les vaillans Espagnols, qui défendaient pied à pied leur territoire, effrayent la victoire tantôt d'un côté, et tantôt de l'autre : des deux côtés la même bravoure, le même audace. Il est malheureux que cette guerre ait été excitée par la perfide et l'ambition, et que tant de braves qui combattirent si vaillamment sont péri pour servir des projets insensés. Ils ont trouvé une mort glorieuse au sein des combats, parce que le militaire français ne connaît que ces mots, *vaincre ou périr;* et les Espagnols ont prouvé que qui combat pour son pays et son roi est rarement vaincu.

GUERRE DE RUSSIE.

Cette guerre, dont le résultat nous fut si funeste, fut encore due à l'ambition de Bonaparte, qui prétendait se rendre le maître du monde. S'imaginant écraser la Russie, et déguisant ses projets sous le prétexte d'inspecter la grande armée réunie sur la Vistule, il annonça dans les papiers publics que l'archiduchesse Marie-Louise, son épouse, profiterait de ce voyage pour aller jusqu'à Dresde afin d'y voir son auguste famille. Arrivé à Wilna le 28 juin, Bonaparte, qui avait fait mettre en marche son armée, la dirigea sur Smolensk; et le 3 juillet, dans une proclamation remplie d'une jactance prophétique, il annonça et ses griefs contre la Russie, et l'anéantissement de cet empire.

Jamais la France n'avait réuni une plus belle armée et aussi considérable. Elle était composée presque en totalité d'anciens militaires accoutumés à la victoire.

Après différens combats, après lesquels les Russes par des retraites simulées attiraient Bonaparte, ce dernier était parvenu à Witepsk où il cherchait à organiser la Lithuanie. Les troupes du centre de l'armée était cantonnées entre le Dniéper et la Dwina. Le prince d'Eckmühl avait été attaqué à Mohilow. Le général Bagration

profitant du repos que lui avait laissé le
combat de Borisow, passa la Berezina à
Bobruisk, et marcha sur Novoibickow.
Le 23 juillet une nuée de Cosaques sur-
prirent l'armée française, et bientôt on en
vint aux mains. Le général Sieverse, avec
deux divisions de vieilles troupes, dirigea
toutes les attaques : depuis huit **heures** du
matin jusqu'à cinq heures du soir, le feu
fut engagé sur la lisière du bois et au pont
dont l'ennemi voulait s'emparer ; à cinq
heures le prince d'Eckmühl fit avancer
trois bataillons d'élite, se mit à leur **tête**,
culbuta les Russes, leur reprit les positions
qu'ils avaient enlevées, et les poursuivit
vivement : de part et d'autre les pertes
furent égales ; mais le prince de Bagration,
qui n'avait livré ce combat que pour protéger sa retraite et faciliter à ses troupes le
passage du Dnieper, se porta sur Bickow,
franchit le fleuve, et de là se dirigea vers
Smolensk, où les armées russes devaient
faire leur jonction.

Le général Kamenski avec deux divisions cherchait à se réunir au prince Bagration. N'ayant pu y parvenir, il rentre en Wolhinie, et se réunit au corps que commandait alors le général Tormasow. Ces troupes, formant une armée, marchèrent sur le septième corps vers Kobrin, et cernèrent de toute part le général saxon Klengal : ayant avec lui deux régimens d'infanterie et deux escadrons, forcé de céder à des forces si supérieures aux siennes, il ne se rendit néanmoins qu'après un combat opiniâtre.

Tandis qu'on éprouvait des échecs sur notre droite, on était plus heureux sur l'extrême gauche. Le duc de Tarente, commandant le dixième corps, poussa des reconnaissances sur la route de Riga, et par les bonnes dispositions des généraux Grawert et Kleist, remporta sur les Russes des avantages signalés. Peu de jours après le général Ricard ayant été détaché vers la droite, s'empara de la place de Dunabourg, que l'ennemi abandonna après avoir fait les plus grands préparatifs de défense.

L'action la plus glorieuse pour nos armes fut celle du deuxième corps; le duc de Reggio, en portant ses troupes sur Sébej, rencontra l'armée de Wittgenstein qui venait d'être renforcée par le corps du prince Repnin; le combat s'engagea auprès du château de Jakoubowo. La division Legrand jusqu'à dix heures du soir soutint une rude attaque; et par la valeur du 26e. léger et du 56e. de ligne, fit éprouver aux Russes des pertes considérables. Malgré cela, le lendemain ils voulurent tenter le passage de la Dwina; le duc de Reggio ordonna alors au général Castex de ne s'y point opposer; les ennemis donnèrent dans le piège: le premier venant ils se portèrent sur Drissa, et se mirent en bataille devant le deuxième corps. Quinze mille hommes, formant la moitié de l'armée de Wittgenstein, avaient passé la rivière, lorsqu'on dirigea contre eux une batterie masquée de quarante pièces de canon , qui pendant une demi-heure, tira à portée de mitraille ; en même temps la division Legrand prit part à l'action. Aussitôt qu'elle eut tourné en notre faveur, arriva la division Verdier au pas de charge et baïonnette en avant ; les Russes furent jetés dans la rivière , perdirent trois mille hommes, et quatorze pièces de canon. On poursuivit leurs débris sur la route de Sébei : on compta deux mille morts, parmi lesquels était le général Koulniew, officier de troupes légères très-distingué. Bonaparte continua à diriger la grande armée sur Smolensk; l'ennemi était persuadé que nous attaquerions Smolensk par la rive droite du Borysthène; mais Bonaparte, par une manœuvre prompte et inattendue, fit passer son armée sur la rive gauche de ce fleuve. Dans la journée du 14, Murat, commandant l'avant-garde, fut joint par le corps du duc d'Elchingen, qui dans la matinée avait passé le Borystène auprès de Khomino. Ce maréchal ayant débouché sur Krasnoé, engagea avec la division Ledru, un combat contre la vingt-cinquième division russe, forte de cinq mille fantassins, et deux mille chevaux. Krasnoé ayant été enlevé, la cavalerie du général Grouchy, exécuta plusieurs belles charges sur l'ennemi qui fuyait, lui prit quelques canons, et fit beaucoup de prisonniers. Bonaparte, dès le 16, se présenta avec son armée devant Smolensk.

————

BATAILLE DE SMOLENSK.

Cette ville a pour enceinte une muraille crénelée de quatre mille toises de circonférence, épaisse de dix pieds, et haute de vingt-cinq ; de distance en distance, flanquée d'énormes tours formant des bastions, dont la plupart étaient armés de pièces de gros calibre. Les Russes, croyant toujours que l'armée française arriverait par la rive droite du Borysthène, avaient encore une grande partie de leurs troupes de ce côté ; mais, la voyant arriver par la rive gauche, ils se crurent tournés, et revinrent en toute hâte secourir Smolensk par le point principal où ils allaient être attaqués ; ils s'y portèrent avec d'autant plus d'ardeur, que l'empereur Alexandre, en quittant l'armée, avait recommandé au baron Barclay de Tolly de livrer bataille pour sauver Smolensk. Après avoir passé la journée du 16 à reconnaître la place et ses environs, Bonaparte donna la gauche au duc d'Elchingen, en appuyant sur le Borystène ; le prince d'Eckmülh eut le centre ; le prince Poniatowski la droite ; plus loin et de côté la cavalerie du roi de Naples. Enfin, la garde et le quatrième corps restèrent en réserve ; on attendait aussi les Westphaliens ; mais le duc d'Abrantès qui les commandait, fit un faux mouvement, et s'égara. La moitié de la journée suivante se passa en observations : l'ennemi occupait Smolensk avec trente mille hommes ; le reste était en réserve sur la rive droite communiquant par les ponts construits au-dessous de la ville. Bonaparte, voyant que la garnison placée sous les ordres du général Docto-row profiterait du temps qu'on lui laissait pour se fortifier toujours d'avantage, or-donna au prince Poniatowski de se porter en avant, ayant à sa gauche Smolensk, et à sa droite le Borysthène. Il lui recommanda d'établir des batteries pour détruire les ponts, et par là intercepter la communi-cation entre les deux rives. Le prince d'Eckmühl, qui était toujours au centre, fit attaquer deux faubourgs retranchés, et défendus chacun par sept à huit mille hommes d'infanterie. Le général Friant acheva l'investissement entre le premier corps et celui des Polonais. L'après-midi, la cavalerie légère du général Bruyères chassa celle des Russes, et prit possession du plateau le plus rapproché du pont. Là, une batterie de soixante pièces fut établie, et tira à toute sur les masses restées vers l'autre rive, qu'elles furent contraintes de se retirer : pour répondre à cette bat- terie, on nous en opposa deux de vingt pièces chacune. Le prince d'Eckmühl, chargé d'enlever la ville, confia l'attaque du faubourg de droite au général Morand, et celle du faubourg de gauche au général Gudin. Après une vive fusillade, les deux divisions enlevèrent les positions, et pour- suivirent l'ennemi avec une rare intrépi- dité jusque sur le chemin couvert qu'ils trouvèrent jonché de ses cadavres. Sur notre gauche le duc d'Elchingen enleva de même les retranchemens occupés par les Russes, et les contraignit à rentrer dans la ville, et à se réfugier dans les tours ou sur les remparts qu'ils défendirent avec opiniâtreté ; mais on les déposta par des obus qui y mirent le feu. Le comte Sorbier, commandant l'artillerie de la garde, en plaçant des batteries d'enfilades, rendit inpraticable aux assiégés l'occupation de leurs chemins couverts.

Alors le général Barclay de Tolly, pré-
voyant qu'on allait tenter l'assaut de la
ville, quoique la brèche ne fût pas encore
praticable, fit renforcer la garnison par
deux nouvelles divisions et deux régimens
d'infanterie de la garde : le combat dura
jusqu'à la fin du jour. Bientôt après on
aperçut des colonnes de fumée et des
torrens de flammes qui, dans un instant,
se communiquèrent aux principaux quartiers de Smolensk, et, au milieu d'une belle
nuit d'été, offrirent aux regards le spectacle qu'offre aux habitans de Naples une
éruption du Vésuve. A une heure après
minuit, les débris de la ville furent aban-
donnés. Nos premiers grenadiers, à deux
heures du matin, se disposèrent à monter
à l'assaut, lorsqu'à leur grande surprise
ils approchèrent sans résistance, et reconnurent que la place était entièrement éva-
cuée. Nous en prîmes possession, et trou-
vâmes dans ses murs plusieurs pièces d'artillerie que l'ennemi n'avait pu emmener

L'intérieur de la ville offrait le spectacle le plus affligeant pour l'humanité. Des monceaux de cadavres et des blessés horriblement mutilés et expirans encombraient les rues. Cet affreux tableau, éclairé par les flammes, ajoutait encore aux ravages de la guerre, et portait dans l'ame un sentiment pénible impossible à surmonter. Le courage des Russes dans ce combat avait été sublime ; et cette conquête fut pour nous un trophée d'autant plus glorieux, que nous y éprouvâmes la plus vive résistance.

L'affaire de Smolensk priva l'armée ennemie de douze mille combattans, dont le tiers resta sur la place. Quoique nous fussions les assaillans, cette perte fut triple de la nôtre : à côté d'un soldat français, on voyait les cadavres de cinq à six Russes.

BATAILLE DU CHAMP SACRÉ.

Le duc d'Elchingen, ayant traversé le Borysthène le 1.., au-dessous de Smolensk, se réunit au roi de Naples afin de poursuivre l'ennemi. À une lieue de là il rencontra une partie de son arrière-garde, formée d'une division du corps de Bagration, d'environ six mille hommes : dans l'instant la position qu'elle occupait fut enlevée, et l'arme blanche couvrit de morts le terrain où il avait été battu.

Ce corps qui protégeait la retraite des Russes ayant été forcé de se retirer sur un second échelon, prit position au plateau de Valentina; mais la première ligne fut enfoncée par le 18e régiment, et vers les quatre heures après-midi, la fusillade s'engagea avec toute l'arrière-garde, forte alors de quinze mille hommes. Le duc d'Abrantès, qui était chargé de se porter sur la droite de Smolensk, fit un faux mouvement, et ne put se porter avec assez de promptitude sur la route de Moscou pour couper la retraite à cette arrière-garde : aussi les premiers échelons ennemis revinrent sur leurs pas, et engagèrent successivement jusqu'à quatre divisions. Les Russes avaient d'autant plus d'intérêt à défendre cette position, qu'outre sa force réelle, elle était dans le pays regardée comme inexpugnable, puisque, dans les anciennes guerres, les Polonais y avaient toujours été battus : de là les Moscovites, par l'effet d'une tradition religieuse, rattachaient à ce plateau l'espérance de la victoire. Si l'ennemi attachait une haute importance à le conserver, celle que nous avions de l'enlever n'était pas moindre, afin d'inquiéter sa retraite, et de faire tomber en nos mains tous les bagages et chariots de blessés sortis de Smolensk, dont l'arrière-garde protégeait l'évacuation.

A six heures du soir, la division Gudin envoyée pour soutenir le troisième corps contre les troupes nombreuses que l'ennemi

re ploint à on secours, déboucha en colonne sur le centre de la position, et soutenu par la division Ledru, l'enleva à la
baïonnette. Le 7e léger, les 12e, 21e et
127e, qui formaient la division Gudin,
attaquèrent avec une telle impétuosité, que
les Russes s'enfuirent, persuadés qu'ils
étaient aux prises avec la garde de Bonaparte; mais tant de valeur coûta la vie au
brave général qui la commandait: cette
mort fut bien vengée, sa division fit un
grand carnage de l'ennemi, qui, fuyant
vers Moscou, laissa le champ Sacré couvert de ses débris. Un général de division
russe fut pris dans la mêlée par un de nos
officiers d'infanterie. Parmi les cadavres
on reconnut ceux des généraux Skalou et
Balla: on assurait même que le général
de cavalerie Koff, blessé mortellement,
était pour nos adversaires une perte aussi
sensible que celle que nous avions à dé-
plorer.

BATAILLE DE LA MOSKOWA.

Avant de livrer cette bataille, on fit à l'armée la proclamation suivante : « Soldats, voilà la bataille que vous avez « tant désirée ! désormais la victoire dé- « pend de vous ; elle nous est nécessaire , » elle nous donnera l'abondance, de bons « quartier d'hiver, et un prompt retour « dans la patrie ; conduisez-vous comme « à Austerlitz, à Friedland, à Witepsk, « à Smolensk , et que la postérité la plus « reculée cite avec orgueil votre conduite « dans cette journée ; que l'on dise de « vous : il était à cette grande bataille « sous les murs de Moscou. »

Le 7 septembre, à six heures précises, un coup de canon tiré d'une des batteries qu'avaient armées le général Sorbier, annonça que l'affaire était commencée ; cent vingt pièces à feu mises sur notre extrême droite répondirent à ce signal : le général Pernetti, avec une batterie de trente pièces, se met en tête de la division Compans, et, longeant le bois, tourne les retranchemens de l'ennemi. A six heures et demie le général Compans fut blessé; à sept le prince d'Eckmühl eut son cheval tué sous lui. Le duc d'Elchingen effectuait aussi son mouvement, et attaquait le centre de l'armée russe sous la protection de soixante pièces de canon; il était appuyé par le corps de cavalerie du général Latour-Maubourg, qui chargeait vigoureusement les masses ennemies formées en carrés tout autour de la grande redoute.

En même temps la division d'Elzons marcha sur Borodino auquel l'ennemi avait déjà mis le feu; nos soldats enlevèrent le village à la baïonnette, tandis que la division d'Elzons s'emparait de Borodino. La division Broussier, traversant la Kologha au-dessous du plateau, parvint à se loger dans un ravin voisin de la grande redoute, d'où l'ennemi faisait un feu terrible.

Vers les huit heures la division Morand, qui était en bataille, et formait l'extrême droite du quatrième corps, fut attaquée avec chaleur, lorsqu'elle se préparait à marcher sur la redoute. Le général Morand en soutenant les efforts des lignes ennemies, détacha sur la gauche le 30e. régiment pour s'emparer de la redoute. Cette position par un prodige de valeur fut enlevée : alors nos batteries couronnent les hauteurs, et reprennent l'avantage que celles des Russes avaient eu pendant plus de deux heures ; les parapets tournés contre nous, pendant l'attaque, nous devinrent favorable ; la bataille était perdue pour l'ennemi, qu'il ne la croyait que commencée. Partie de son artillerie est prise, le reste est évacué sur ses dernières lignes. Bientôt le prince Kutusoff ranime ses soldats, et renouvelle le combat en attaquant avec toutes ses troupes les fortes positions qu'il venait de perdre. Trois cents pièces de canons françaises placées sur ces hauteurs foudroient ces masses, et leurs soldats vaincus viennent mourir au pied de ces remparts qu'ils avaient élevés, et qu'ils regardaient comme le boulevard de Moscou.

Cependant le 57e. régiment, assailli de tous côtés, ne put se maintenir dans la redoute qu'il avait occupée; en vain la troisième division, à peine rangée en bataille, accourut pour le secourir, il fallut céder devant des forces supérieures.

Koutousoff, encouragé par le succès qu'il venait d'obtenir, avait fait avancer sa réserve pour tenter un dernier coup de fortune, la garde impériale en faisait partie. Avec tous ces secours réunis, il attaque notre centre sur lequel avait pivoté notre droite; mais le général Friant étant accouru avec quatre-vingts pièces de canon, arrêta et écrasa les colonnes ennemies, qui se tinrent pendant deux heures serrées sous la mitraille, n'osant pas avancer, ne voulant pas reculer. Elles étaient dans

cette incertitude, lorsqu'elles furent char-
gées par le corps de cavalerie du général
Latour-Maubourg, qui pénètre par la
brèche que la mitraille a faite dans les
masses serrées des Russes et dans les escadrons de leurs cuirassiers. Ceux-ci, décon-
certés par une manœuvre si hardie, re-
culent et se dispersent de tous côtés.

Le prince Eugène saisit cet instant
décisif, et vôle vers sa droite pour ordon-
ner l'attaque simultanée de la grande redoute par les premières, troisième et qua-
torzième divisions. Les ayant fait ranger
toute trois en bataille, ces troupes s'a-
vancèrent avec calme; elles approchaient
même des retranchemens ennemis, lorsque
ceux-ci, avec toutes leurs pièces, tirèrent
à mitraille, et portèrent dans nos rangs le
ravage et la consternation. Nos soldats
furent d'abord ébranlés de cette fatale
réception : le prince Eugène qui s'en aperçut ranima leur courage, et parcourant
la ligne, ordonna l'attaque avec sang

froid, et la dirigea lui-même en excitant la division Broussier, tandis que le général Nansouty, à la tête de la première division de grosse cavalerie du général Saint-Germain, chargeait vigoureusement ce qui se trouvait à droite de la redoute, et balayait la plaine jusqu'au ravin d'un village brûlé. La brigade des carabiniers aux ordres des generaux Paultre et Chouard, marchait également en tête, enfonçant tout ce qui osait lui resister ; à l'instant une brigade de cuirassiers s'élança sur cette même redoute, et offrit aux regards étonnés un spectacle merveilleux ; toute cette hauteur qui nous dominait, sembla ne plus former qu'une montagne de fer mouvante. L'éclat des armes, des casques et des cuirasses, frappés par les rayons du soleil, se mêlait à la flamme des canons, qui de tous côtes vomissaient la mort, donnait à la redoute la forme d'un volcan au milieu d'une armée.

L'infanterie ennemie, placée près de la,

derrière un ravin, fit une décharge si terrible sur nos cuirassiers, qu'elle les obligea
de se retirer sur-le-champ. Nos fantassins
prennent leur place ; ils sont soutenus par
le troisième corps de cavalerie ; ils chargent
et culbutent tout ce qui se trouve devant
eux. Nos troupes en débordant les retranchemens firent un horrible massacre des
Russes, dont tous les efforts tendaient à
nous empêcher de les reprendre. Le prince
Eugène et son état-major, malgré le feu
épouvantable de l'ennemi, restèrent à la
tête de la division Broussier, suivie des
13e. et 30e. régimens, et courant sur la
redoute, entrèrent par la gorge, et massa-
crèrent sur leurs pièces les canonniers qui
les servaient. Kutusoff, consterné de cette
attaque, fit marcher aussitôt les cuirassiers
de la garde noble, pour tàcher de reprendre
la position ; c'était ce qu'il avait de meilleur dans toute sa cavalerie: aussi le choc
entre ces cuirassiers et les nôtres fut horrible ; et l'on peut juger de l'acharnement

avec lequel on s'était battu, lor que l'ennemi en abandonnant le champ de bataille
le laissa couvert de morts appartenant aux
deux partis.

L'intérieur de la redoute présentait un
effrayant tableau ; les cadavres étaient
entassés les uns sur les autres, et parmi
eux beaucoup de blessés. On voyait des
armes de toutes espèces éparpillées par
terre ; les parapets à moitié détruits avaient
tous leurs créaux rasés, et l'on ne distin-
guait plus les embrasures qu'aux canons,
mais la plupart des pièces étaient renversées
et detachées de leurs affûts brisés. Les
soldats russes chargés de défendre la redoute périrent plutôt que de se rendre.
Quoiqu'on se fut emparé de deux redoutes, néanmoins l'ennemi en avait encore
une troisième située sur un autre plateau
séparé par un ravin ; c'est de là qu'établis-
sant des batteries bien servies il faisait un
feu terrible sur nos régimens, dont les
uns étaient dans des sentiers couverts,

d'autres derrière des retranchemens ; durant plusieurs heures nous restâmes dans cette inaction, bien persuadés que Kutusoff battait en retraite : l'artillerie seule vomissait sur tous les points la flamme et la mort.

Depuis plus de dix heures on soutenait avec intrépidité les attaques de l'ennemi ; et quoique l'action ne fût point encore terminée, il n'y avait presque pas de division qui n'eût à s'affliger de la mort d'un ou de plusieurs de ses chefs. Les Russes de leur côté eurent environ quarante mille hommes hors de combat, et cinquante généraux tués ou blessés ; enfin la victoire fut à nous, et l'ennemi se retira par la route de Mojaisk.

Jamais peut-être bataille ne fut plus glorieuse pour nos armes que celle de la Moscowa. Les prodiges de valeur que l'on fit de part et d'autre, l'acharnement de deux armées extrêmement braves, leurs savantes manœuvres, tout offrit dans

cette bataille ce que peut le courage des
braves. Malgré les efforts des ennemis
pour remporter une victoire d'autant plus
importante pour eux que sa perte nous
ouvrait le chemin de Moscou, culbutés de
toutes parts, chassés vigoureusement de
leurs positions, ils n'eurent plus de ressources que celle de fuir vers Moscou, et
une victoire complète vint couronner nos
succès.

______

ENTRÉE DANS MOSCOU.

Hélas! cette ville ou notre armée devait
prendre ses quartiers d'hiver et trouver
d'immenses magasins, venait d'être livrée
aux flammes par le comte Rostopchin,
son gouverneur. Ce fut donc sur les débris
fumans des palais, des maisons, et des
plus beaux édifices, que nos troupes, ac-
cablées de fatigues eurent à se reposer.
Parvenues à arrêter les progrès de l'incendie, elles y restèrent quelque temps, et ce

fut pour elles le plus grand des malheurs.
L'intempérie de la saison, la rigueur du
froid, la situation du pays, tout contribua
à rendre difficile une retraite à laquelle
elle n'étaient pas accoutumées : elles ne
perdirent cependant rien de leur gloire ;
et malgré leur fatale situation, dans différens combats qu'elles soutinrent, elles
fixèrent encore la victoire. Ah ! si Bonaparte, moins ambitieux, eût réfléchi qu'un
gouvernement qui incendie lui-même sa
seconde capitale pour sauver son empire
ne le fait pas sans un puissant motif, notre
armée n'aurait pas eu à regretter tant de
braves qui périrent dans les climats glacés
de la Russie, victimes de l'imprévoyance
de leur chef.

Crayonnons, s'il sepeut, l'affreux tableau
que présentait alors, dans sa retraite, la plus
belle et la plus courageuse armée qui eut
existé ; armée habituée à commander à la
victoire, et dont les succès glorieux seront
à jamais immortels. Quel grand et déplo-

rible spectacle que celui qu'offrait alors
ces soldats naguères la terreur de l'ennemi! L'espace effrayant qu'ils avaient à
franchir, et qui ne présentait à leurs regards
que les débris des hameaux et des villes,
leur marche demeurée au milieu des fri-
mas, non pendant quelques jours, non
pendant quelques semaines, mais pendant
plus d'un mois, dont chaque minute était
comptée, dont chaque seconde marquait
une perte ; une armée victime livrée aux
horreurs de la faim, sans force pour combattre l'ennemi, jetant ses armes, abandonnant ses canons, se disputant les plus
vils alimens, n'ayant qu'une pensée, celle
de son retour, et qu'un aspect, celui de
la mort. Et a des expressions assez tou-
chantes, assez énergiques, pour faire sentir
les angoisses de ces pâles guerriers qui,
sortant tout à coup de leurs rangs avec un
rire convulsif, s'agitaient un instant,
poussaient des cris étouffés, et tombaient
au milieu de leurs compagnons, qui pas-

saient avec indifférence. L'égoïsme était
devenu le plus grand de leurs maux; point
de secours à espérer de cette foule d'hommes qui ne marchait que pour prolonger ses
douleurs, qui ne s'arrètait que pour mourir.
Toutes les ames étaient abattues, tous les
sentimens éteints, ou, pour mieux dire, le
malheur était resté sans témoins, il n'y
avait plus que des victimes. Mais à l'heure
où des bataillons entiers restaient immo-
biles et glacés au milieu des déserts, d'autres infortunés s'égaraient, isolés dans
ces vastes solitudes. Heureux, lorsque
le hasard les faisait rencontrer ces
longues lignes de morts qui attestaient le
passage de l'armée! ils se guidaient par
leurs traces sanglantes, et ne périssaient
que lorsque cet horrible secours venait à
leur manquer. Helas! combien d'adieux
ne furent pas entendus! combien de
larmes ne furent point essuyées!

Voici comme on rendit compte, dans le

vingt-neuvième bulletin, des désastres de cette fatale campagne.

Molodeschno, le 3 décembre 1812.

Jusqu'au 6 novembre le temps a été parfait, et le mouvement de l'armée s'est exécuté avec le plus grand succès. Le froid a commencé le 7; dès ce moment chaque nuit nous avons perdu plusieurs centaines de chevaux qui mouraient au bivouac. Arrivés à Smolensk, nous avions déjà perdu bien des chevaux de cavalerie et d'artillerie; l'armée russe de Volhinie était opposée à notre droite. Notre droite quitta la ligne d'opération de Minsk, et prit pour pivot de ses opérations la ligne de Varsovie. Napoléon apprit à Smolensk, le 9, ce changement de ligne d'opérations, et présuma ce que ferait l'ennemi. Quelque dur qu'il lui parût de se mettre en mouvement dans une si cruelle saison, le nouvel état de choses le nécessitait; il espérait arriver à Minsk, ou du moins sur la Bérésina, avant l'ennemi. Il partit le 13 de Smolensk. Le 16 il coucha à Kranoë. Le froid, qui avait commencé le 7, s'accrut subitement, et du 14 au 15 et au 16, le thermomètre marqua seize et dix-huit degrés au-dessous de glace. Les chemins furent couverts de verglas; les chevaux de cavalerie, d'artillerie, de train, périssaient toutes les nuits, non par centaines, mais par milliers, surtout les chevaux de France et d'Allemagne. Plus de trente mille chevaux périrent en peu de jours; notre cavalerie se trouva toute à pied. Notre artillerie et nos transports se trouvaient sans attelage. Il fallut abandonner et détruire une bonne partie de nos pièces et de nos munitions de guerre et de bouche. Cette armée, si belle le 6, était bien différente dès le 14, presque sans cavalerie, sans artillerie, sans transports. Sans cavalerie nous ne pouvions pas risquer une bataille et attendre de pied ferme; il fallait marcher pour ne pas être contraint à une bataille que le défaut de munitions nous empêchait de livrer. Il fallait occuper un certain espace pour ne pas être tournés, et cela sans cavalerie qui éclairât les colonnes. Cette difficulté, jointe à un froid excessif subitement venu, rendit notre situation fâcheuse. Les hommes que la nature n'a pas trempés assez fortement pour être au-dessus de toutes les chances du sort et de la fortune, parurent ébranlés, perdirent leur gaîté, leur bonne humeur, et ne rêvèrent que malheurs et catastrophes; ceux qu'elle a créés supérieurs à tout conservèrent leur gaîté et leurs manières ordinaires, et virent une nouvelle gloire dans des difficultés différentes à surmonter.

L'ennemi, qui voyait sur les chemins les traces de cette affreuse calamité qui frappait l'armée française, chercha à en profiter. Il enveloppait toutes les colonnes par ses Cosaques qui enlevaient, comme les Arabes dans les déserts, les traîns et

les voitures qui s'écartaient. Cette misé-
rable cavalerie, qui ne fait que du bruit,
et n'est pas capable d'enfoncer une com-
pagnie de voltigeurs, se rendit redoutable
à la faveur des circonstances. Cependant
l'ennemi eut à se repentir de toutes les
tentatives sérieuses qu'il voulut entreprendre. Il fut culbuté par le prince Eugène au-devant duquel il s'était placé, et
il y perdit beaucoup de monde.

Le duc d'Elchingen qui, avec trois mille
hommes, faisait l'arrière-garde, avait fait
sauter les remparts de Smolensk. Il fut
cerné, et se trouva dans une position
critique ; il s'en retira avec une prompte
intrépidité, après avoir tenu l'ennemi éloigné de lui pendant toute la journée du 18,
et l'avoir constamment repoussé ; à la nuit
il fit un mouvement par le flanc droit,
passa le Borystène, et déjoua tous les
calculs de l'ennemi. Le dix-neuf, l'armée
russe passa le Borystène à Orza. Fatiguée,
et ayant perdu beaucoup de monde,
elle cessa là ses tentatives. La division

Partouneaux partit à la nuit de Borisow. Une brigade de cette division qui formait l'arrière-garde, et qui était chargée de brûler les ponts, partit à sept heures du soir ; elle arriva entre dix et onze heures. Elle chercha sa première brigade et son général de division qui étaient partis deux heures avant, et qu'elle n'avait pas rencontrés en route. Tout ce qu'on a pu connaître depuis, c'est que cette première brigade, partie à cinq heures, s'est égarée à six, et a fait deux ou trois lieues dans une direction contraire à la marche qu'elle devait suivre ; que, dans la nuit, transie de froid, elle s'est ralliée aux feux de l'ennemi qu'elle a pris pour ceux de l'armée française.

Cependant cette armée, si affaiblie, si horriblement fatiguée par cinquante jours de marche, traînant à sa suite ses malades et ses blessés, avait besoin d'arriver à ses magasins. Le 30 le quartier-général fut à Pluhnitz. L'armée avait essentiellement besoin de rétablir sa discipline , de se refaire , de remonter sa cavalerie , son artillerie et son matériel.

Notre cavalerie était tellement démontée , qu'en rassemblant les officiers auxquels il restait à chacun un cheval, on ne put en former que quatre compagnies de cent cinquante hommes chacune. Les généraux y faisaient les fonctions de capitaines , et les colonels celles de sous-officiers.

Cet escadron sacré , commandé par le général Grouchy , et sous les ordres de Murat , sauva les derniers débris de l'armée , et protégea la retraite de ce qui restait de nos braves.

On voit par ce bulletin qu'on n'y dissimulait pas la perte que nous avions éprouvée , quoique cependant il ne la rapportât pas entièrement.

Après la malheureuse issue de la campagne de Russie, qui devait être pour Bonaparte une sage leçon , il fit décréter par le sénat une levée de trois cent cinquante mille hommes, ce que ce dernier lui a accordé la la [?] ment, au lieu de résister à de nouveaux projets; et Bonaparte, sous le prétexte de soumettre la Prusse, qui venait enfin de secouer le joug qu'il lui avait imposé, se trouva à la tête d'une nouvelle armée composée en partie de celle qui avait échappé aux désastres de Russie, et en partie des trois cent cinquante mille hommes qui lui avait été accordés: il rouvrit donc la campagne dans le commencement d'avril.

BATAILLE DE LUTZEN.

Cette bataille répara pour nous, par son succès, les malheurs de la dernière campagne; et, malgré les efforts de l'ennemi, nos troupes, accoutumées à vaincre, se conduisirent avec une telle valeur, que on ne résista à leur impétuosité. Après une vive et égale résistance de part et d'autre, l'ennemi, foudroyé par notre

artillerie, ne put tenir, et ses troupes
battirent en retraite. Animée par cette
brillante victoire, notre armée le poursuivit une lieue et demie, et arriva sur la
hauteur occupée pendant la bataille par
l'empereur de Russie et le roi de Prusse.
Tel fut le résultat de cette bataille, qui
prouva bien que, sans la rigueur du climat,
il eût été difficile de nous fermer le passage de la Russie.

BATAILLE DE BAUTZEN ET DE WURTCHEN.

Cette nouvelle bataille ajouta encore
à la victoire de Lutzen, tant par la résistance opiniâtre des ennemis que par
la valeur des nôtres; plusieurs fois la victoire balança en notre faveur, et plusieurs
fois elle nous parut douteuse; mais enfin le
courage de nos troupes, l'habileté de nos
généraux, et notre artillerie parfaitement
servie, ne firent plus douter du succès;

l'ennemi, tourné de tous côtés, forcé dans tous ses retranchements, se mit en pleine déroute, et laissa couvert le champ de bataille couvert de ses morts et de ses blessés. Ce fut dans cette bataille qu'un des derniers boulets de l'ennemi blessa mortellement le grand maréchal Duroc, duc de Frioul, dont la mort eut à regretter la perte.

Un armistice ayant été conclu et des négociations ouvertes pour la paix, Bonaparte se refusa à toutes les propositions qui lui furent faites, en disant qu'il ne céderait, par aucun traité, une seule des provinces qu'il avait réunies à la France. Pendant ce temps l'Autriche, qui avait long-temps balancé à entrer dans la confédération des puissances européennes, y accéda, et les choses reprirent une nouvelle face.

Bonaparte, aussitôt que les hostilités recommencèrent, voulut en même temps pénétrer dans la Lusace et à Berlin. Mais il eut dans ces deux expéditions des échecs considérables. Profitant de leurs avantages, les alliés attaquèrent la ville de Dresde. La lenteur qu'ils avaient mise à s'approcher de cette place, avait donné à Bonaparte le temps de revenir, et il défendit cette ville avec beaucoup de succès. Conseillé alors par ses généraux de se retirer sur le Rhin, son obstination le fit résister à de si sages avis ; et bientôt forcé à cette retraite, que quelque temps avant il eût pu faire avec succès, les mêmes circonstances ne se trouvant plus, il ne fut plus temps : se portant sur Leipsick, il livra la bataille de ce nom, qui fut entièrement à l'avantage des alliés.

Après la perte de la bataille de Leipsick, Bonaparte battant en retraite, l'armée fit des efforts inouïs de valeur et de courage ; et serait parvenue à réussir, si les troupes saxonnes et badoises qui en faisaient partie n'eussent tourné leurs armes contre nous. Alors la déroute se mit parmi nos

te qu'on victorieux jusqu'alors ; et ce dé-
...tre, dit l'imprévoyance du chef, fut
fatale aux Français. Hélas! dans cette retraite de Leipsick, qui ne peut être com-
parée qu'à celle de Moscou, à Erfurt,
ville de passage, il existait sept hôpitaux;
au bout de vingt-quatre heures pas un
bouillon, pas un verre de vin, pas une
once de charpie; les habitans eux-mêmes
étaient sans subsistance, tout le monde
fuyait; les malades, les blessés seuls restaient, ils expiraient d'inanition dans les
refuges de l'humanité. Lorsque Bonaparte,
rétrogradant, traversa Erfurt, on lui exposa la situation déplorable des hôpitaux:

Je donne, dit-il, six mille francs par
jour sur ma cassette; et il partit au galop.
La cassette arriva peu de temps après lui,
point d'ordre à exhiber. La cassette passa
outre.

Telle fut la malheureuse situation de
nos troupes, de cette brave armée, dont
le courage et la valeur méritaient un

meilleur succès ; et, pour s'excuser d'une défaite dont son imprévoyance fut cause, Bonaparte attribua ce revers à un caporal qui, dit-il, avant d'en avoir reçu l'ordre, fit sauter un pont qui devait faciliter notre retraite.

BATAILLE DE HANAU.

L'ennemi, afin de couper toutes les routes qui conduisaient au Rhin, avait placé des bataillons au village de Ruckingem : nos tirailleurs, s'étant engagés, continrent l'armée ennemie, afin de donner le temps à la nôtre d'arriver. Alors un combat général s'engagea, et se soutint de part et d'autre avec la plus grande opiniâtreté ; mais malgré ses efforts l'ennemi ne put résister, et fut forcé d'abandonner le chemin de Francfort qu'il bouchait, et tout le terrain qu'occupait sa gauche : bientôt il battit en retraite, et, culbuté de toutes parts, il se mit en déroute.

CAMPAGNE DE 1814.

Toutes les puissances de l'Europe avaient
annoncé... à... que les chances
qui... ... importance... les
... ... Les
... ... infaillibles se montr... et a pu...
... ... Bonaparte
avait laissé dans les places de l'Elbe une
armée de cent mille hommes, composée
de vieux guerriers expérimentés; les alliés
profitèrent d'une pareille faute, qui leur
avait facilité le passage du Rhin et les
moyens d'envahir nos frontières. Dans ce
dangereux moment, Bonaparte avait rassemblé une armée en avant de Châlons
entre la Marne et la Seine; il se mit à sa
tête, et marcha au-devant de l'ennemi le
27 janvier. Il livra à l'arrière-garde prussienne un combat où il eut l'avantage,
poursuivant sa marche sur Brienne, où il

s'engagea une bataille très-meurtrière , et qui fut long-temps indécise ; mais le maréchal duc de Bellune étant parvenu à s'introduire pendant la nuit dans le château , on s'y battit avec acharnement. En vain les troupes alliées voulurent-elles reprendre ce poste, il resta en notre pouvoir.

BATAILLE DE S. DIZIER.

Cette bataille ne fut pas favorable à nos armes ; la victoire fut long-temps balancée : après un combat des plus opiniâtres et des plus sanglans ; l'armée française fut obligée de se replier sur Troyes et Arcis. Il n'en fut pas de même des batailles de Mont-Mirail, de Champ-Aubert et de Vauchamp, où l'ennemi fut complétement battu et forcé à la retraite.

BATAILLE DE NANGIS.

Notre armée renforcée par d'excellentes troupes, quitta la Marne pour se porter sur la Seine, attaqua l'ennemi, le battit, et lui fit éprouver une grande perte. Les alliés ayant pris ensuite position à Montereau, ils y furent attaqués et forcés à l'abandonner.

BATAILLE DE LAON.

Cette bataille fut précédée par la prise des hauteurs de Craone; avantage qui nous fut peu considérable.

L'ennemi qui s'était emparé de Laon y ayant été attaqué, s'y maintint, et rien ne put l'en débusquer. Ce fut alors que Bonaparte s'empara de Reims, d'où il chassa l'ennemi. Ce fut le seul avantage qu'il obtint depuis.

Les alliés lui ayant coupé le passage,

marchèrent sur Paris, qui s'était préparé à une vive résistance. L'attaque commença par les buttes S.-Chaumont, où ils furent plusieurs fois repoussés avec perte. Après plusieurs combats opiniâtres et honorables pour la capitale, des parlementaires furent envoyés aux alliés et leur proposèrent une capitulation qui fut acceptée et sauva la ville des désastres de la guerre.

Pendant ce temps, Bonaparte, qui était parvenu jusqu'à Fontainebleau avec un corps assez considérable de troupes pour marcher à la défense de Paris, ayant appris sa reddition, fut d'après le conseil de ses généraux, obligés d'abdiquer n'ayant pas d'autre parti à prendre. Et la France enfin fut rendue à son souverain légitime.

Les alliés eurent la générosité d'accorder à Bonaparte la souveraineté de l'île d'Elbe, où il se rendit quelque temps après. Mais loin d'oublier dans cette retraite tout sentiment d'ambition : il y médita le projet

(161)

insensé de s'emparer de nouveau de la souveraine puissance.

La France respirait enfin de ses longs malheurs, sous le règne paternel de Louis XVIII, et chacun bénissait les événemens qui l'avaient rendu à l'amour de son peuple, lorsque l'on apprit que Bonaparte ayant quitté l'île d'Elbe, venait de débarquer à Cannes, en Provence. Secondé par une populace égarée, par quelques troupes qui oublièrent et leurs devoirs et leurs sermens, il traversa la France sans obstacle, et arriva le 20 mars 1815 à Paris.

Sa majesté Louis XVIII, craignant de livrer ses sujets aux horreurs de la guerre civile, s'était retiré à Gand, persuadée avec juste raison que cette nouvelle usurpation, improuvée de la pluralité des Français, serait bientôt sans effet, et que l'amour de ses sujets pour son auguste personne triompherait bientôt d'un attentat inconnu jusque-là dans les fastes de l'histoire.

Tandis que Bonaparte se croyait bien ferme sur son trône usurpé, les royalistes de l'intérieur s'efforçaient d'en saper les fondemens, en éclairant ceux qu'un faux enthousiasme avait égarés.

D'un autre côté, les puissances de l'Europe, assemblées en congrès à Vienne, jurèrent de reprendre les armes, et de ne les poser qu'après avoir chassé l'usurpateur, et rendu à sa majesté Louis XVIII un trône qu'elle honorait par ses vertus. Bientôt leurs armées marchent sur la France. A cette nouvelle, Bonaparte rassemble à la hâte aussi une armée, et marche à leur rencontre. Vainqueur à la bataille de Ligny, Bonaparte crut que la fortune lui accordait de nouveau sa faveur. Mais la bataille du mont Saint-Jean lui prouva que le ciel protége tôt ou tard le bon droit. Cette bataille, malgré son fatal résultat pour l'armée française, ne la couvrira pas moins d'une gloire éternelle. Il est à regretter que le motif qui en fut cause n'ait pas eu un autre but que l'ambition de Bonaparte, qui lui fit sacrifier ainsi l'élite des troupes françaises et la plus belle armée qui ait jamais existé. Après avoir fait ainsi massacrer pour sa cause tant de braves dignes d'un meilleur sort, Bonaparte eut encore l'audace de venir lui-même annoncer sa défaite à la capitale; et prouva, par cette démarche, combien il était peu digne de commander à des Français.

Ah! si quelque chose put adoucir la douleur que causa dans toute la France la perte de notre armée, ce fut la rentrée de sa majesté Louis XVIII dans ses états, de ce monarque chéri qui ramenait avec lui une paix durable, et une alliance générale avec toutes les puissances de l'Europe, alliance due à l'ascendant de ses vertus.

Puisse enfin le Français, sous le règne du descendant de S. Louis et de Henri IV, ne reprendre les armes que pour défendre son roi et sa patrie! alors il sera invincible.

FIN.